第一个十年

记广西中华文化促进会（2005—2015）

广西中华文化促进会　编

广西人民出版社

图书在版编目（CIP）数据

第一个十年：记广西中华文化促进会：2005—2015 / 广西中华文化促进会编 . — 南宁：广西人民出版社，2019.12
ISBN 978-7-219-10575-7

Ⅰ . ①第… Ⅱ . ①广… Ⅲ . ①中华文化—文化交流—社会组织—概况—广西 Ⅳ . ① G127.67

中国版本图书馆 CIP 数据核字（2019）第 052734 号

责任编辑　黄篆兰
责任校对　彭青梅
封面设计　陈晓蕾
责任排版　梁敏芳

出版发行　广西人民出版社
社　　址　广西南宁市桂春路 6 号
邮　　编　530021
印　　刷　广西雅图盛印务有限公司
开　　本　889mm×1194mm　1 / 16
印　　张　11.75
字　　数　220 千字
版　　次　2019 年 12 月　第 1 版
印　　次　2019 年 12 月　第 1 次印刷
书　　号　ISBN 978-7-219-10575-7
定　　价　68.00 元

编委会

目　录

一、开篇语

中华文化　民族灵魂　传承弘扬　匹夫有责

李振潜

　　"中华文化"四个大字是中华民族几千年繁衍、发展、积累、传承下来的精神文明总和，与物质文明共为一体，构成伟大的中华文明。中华文化不仅凝聚在极为丰富的经典理论、文史著作和文学艺术作品里，体现在全国各地各民族的风俗、习惯和思想观念里，更深植于中华民族祖祖辈辈子子孙孙的血脉中，固化为文化基因。在中华民族生存、繁衍，社会演变、发展的几千年里，包括近现代为抗击列强欺侮，摆脱贫穷落后，在政治、经济、军事、科技等各领域艰苦卓绝的奋斗之中，无论是取得胜利还是遭遇挫折，无不以中华文化为支撑法宝，展现中华文化的力量和光辉。中华文化是包括遍及世界各地华人在内的全中华各族人民共有的精神家园、财宝和精神纽带。

　　当今世界进入新阶段，我国步入了发展新时期。在这新旧交替的大转折当中，社会与经济在探寻新的走向，中华传统文化如何取舍，中华现代文化如何发展，激励我们不断地反思、检讨、探索和创新。1992年2月29日，由国内文化界、企业界人士及部分港澳台人士发起，经文化部、民政部批准，在北京成立了"中华民族文化促进会"。一个联络和团结海内外杰出文艺家、学者、文化活动家和文化赞助人的全国性联合性社会团体的诞生，体现了中华文化人的自信、自觉、自强和担当精神，把"弘扬中华文化，促进国际交流"作为建会宗旨，是最恰当的性质概括和社会职能定位。2009年5月16日召开的第三次全国会员代表大会宣布"中华民族文化促进会"更名为"中华文化促进会"。

2003年，中华民族文化促进会在广西发展了以著名作家、广西文化厅原厅长周民震牵头的第一批会员38名，组建了中华民族文化促进会广西代表机构。在中共广西壮族自治区党委、广西壮族自治区政府的关心支持下，经自治区文化厅和自治区民政厅批准，2005年7月22日广西中华民族文化促进会成立，第一批会员48名。作为中华民族文化促进会的团体会员，2009年与中华民族文化促进会同步更名为广西中华文化促进会。

在此期间，2006年11月21日本会组建北海分会，2006年11月27日又组建桂林分会，2007年1月18日北海市中华民族文化促进会成立；2009年12月19日，柳州市中华文化促进会成立；2011年5月15日桂林市中华文化促进会成立；2013年6月7日，防城港市中华文化促进会成立。四市文促会均作为中华文化促进会和广西中华文化促进会

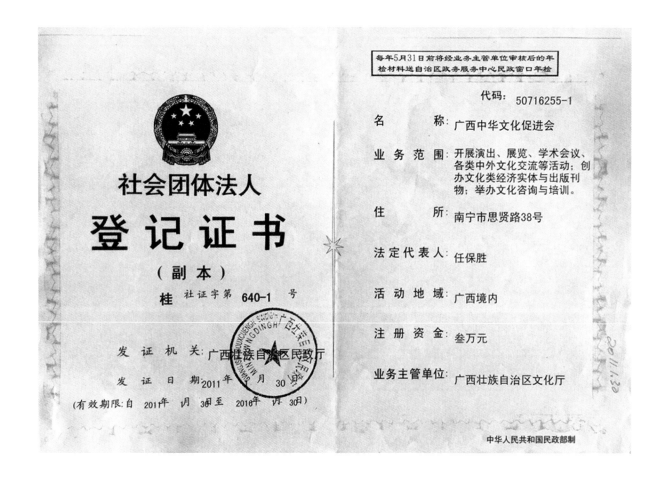

广西中华民族文化促进会第一次会员代表会议合影留念 2005.7.22

广西中华文化促进会第二次会员大会合影 2010.12.30

的团体会员，努力践行"弘扬中华文化，促进国际交流"的宗旨，富有成效地做了大量工作，积极开展了丰富多彩的活动。

广西中华文化促进会可谓应运而生，在成立以来的第一个十年（2005年至2015年）期间，我们党召开了十七、十八两次全国代表大会，我们国家实施了"十一"和"十二"两个五年计划。这十年，是国家和广西大发展的十年，是为实现全面小康和中华民族伟大复兴打下坚实基础的十年，也是不断反思、探索，改革、前进的十年。尤其是在党的十八大以后，在以习近平同志为核心的党中央领导下，国家实力高速增长，对世界的贡献和国际威望大步提升，强有力地推动着中华文化发展。广西中华文化促进会遵循"弘扬中华文化，促进国际交流"的宗旨，紧跟形势，开拓奋进，努力作为，多做实事。编写广西中华文化促进会第一个十年的纪念册，总结梳理十年实践，既是会员朋友们十年友谊和奋斗经历的珍贵记忆，也是对广西文促会功能定位和形象面貌的真实写照。

为编写纪念册，收集、翻阅、查看、整理十年来的许多文字材料和照片，深切地感到，广西中华文化促进会在这不算长也不算短的十年里，对这个文化类民间组织该如何定位、定型，如何发挥"促进"作用，"该做什么、能做什么、怎样做、谁来做"等等，进行了认真的探索，可大致归纳为以下四个方面：

第一，以纯真的亲情和炽热的激情，支持、参与、组织群众性文化活动。

本会倡议或参与组织的各项节庆活动，如春联创作并书赠活动、"三月三"民歌活动等连年举行，为节庆增添了色彩，受到了广大群众发自内心的欢迎，甚至成为爱好者的向往与期盼。热热闹闹的群众文化活动，是丰富文化生活，提高生活质量，培养文化人才，提升文化素养，普惠广大民众，构建和谐社会接地气的实事，是中华文化促进会宗旨锁定的分内之举，是发挥促进作用的重要领域。今后应在立新俗、规范化上继续不断提出新的创意，主动倡导、积极参与。

第二，以诚恳的敬佩、尊重和期盼，支持文人学者、艺术家们劲推精品力作。

在这急速变革发展的新时代，文化艺术理应先行放光。广西中华文化促进会作为文化精英荟萃之所，聚集了许多闪光夺目的知名作家、专家、艺术家。十年来以不同方式不断推出新作：如《周民震文集》问世，彭匈《广西历史文化掠影》讲座光碟出版发行，大型电视文献纪录片《五星红旗》和电视连续剧《红七军》的摄制并在中央电视台播出，抗震救灾晚会《生命之光》和以反腐倡廉为主题的古今诗词朗诵会《清风莲语》的成功举行，以及历年的迎新音乐会、铿锵绕梁的男高音演唱、多次不同规模的书画摄影展以及对非物质文化遗产的挖掘、保护和开发努力等，有些已经完成使命，留下了深刻的印记，有些成为长久延续的品牌性新版，有些正在深入推进之中。

广西中华文化促进会作为新老文化艺术家的温馨之家，文化精英和新秀的汇聚之所，应该成为推陈出新连年丰收的田园，成为老人继续闪光传艺、新秀不断涌现的大舞台。

第三，以宽阔的胸怀，热心联谊各方，诚心交友世界。

广西中华文化促进会以中华民族文化大家庭一分子的心态，珍惜祖传文化并充满自信，但又不孤芳自赏，强调艺术无界，文化通心，开阔包容。广西中华文化促进会十年间先后参与或组织了中国残疾人艺术团《我的梦》的感人演出、澳门交响乐团的高水平巡演、国际性森林音乐节的举办，还几次邀请英国、德国、澳大利亚等国交弦乐团与广西观众共迎新年，出访欧美亚开展东西方美术交流，坚持与东盟国家合作组织礼仪大赛等等。两次组团到台湾与台湾少数民族朋友团聚、联欢，几次接待台湾朋友来访，多次参加全国文促会主办的两岸交流活动。会员们积极出席全国文促会及各省区市文促会举行的多项活动，曾派代表赴莫斯科出席俄罗斯中华文化促进会成立大会等等。期盼对外文化交流活动长久持续，不断深化、强化，借助四通八达日臻完善的国际通道，为传扬中华文化和促进文化交流，构筑人类命运共同体有更大作为。

2007年1月18日，北海市中华民族文化促进会成立

2009年12月19日，柳州市中华文化促进会成立

2011年5月15日，桂林市中华文化促进会成立

2013年6月7日，防城港市中华文化促进会成立

第四，以高度的社会责任心和民族自豪感，在为实现中华民族伟大复兴中国梦的感召和鼓舞下，想大事，促发展，积极主动献计献策。

文促会会员们的每次聚会，无不以文化为题认真交谈、分析，提出见解主张。大到国家文化发展战略，小到一项活动，一处景点，一句台词。年长者凭其丰富阅历和经验，深入思考，发表真知灼见，提出有分量的建议；年轻人则以其蓬勃朝气、新知和敏感，提出新见解、新主张。十年来先后向自治区和一些市县的党委、政府和有关部门、单位提出了几十条建议或倡议，许多已经被采纳实施，有些尚待时机和条件，条条体现了会员们的心血、主人翁意识和文化担当精神。这种发自内心的关注、研讨、建议、咨询活动，足以表明广西中华文化促进会具备有文化智库智囊功能，是发挥促进作用有效可行的方式，应作为基本功能和工作模式固定下来，坚持下去。

以上四个方面的实践活动，包括在实践探索中体会到的难和易、优势和劣势、经验和教训，都是前进道路上的有益探索和积累的财富，成功地体现了"弘扬中华文化，促进国际交流"的宗旨，基本上勾画出了广西中华文化促进会的轮廓和形象。

广西中华文化促进会这样一个资历浅、无资产，且尚处襁褓期的群体组合，靠什么凝聚众多文化、艺术精英和社会各界的文化热心人？为什么能够不断得到多方的支持与帮助？何以能够做出这么多好事，并形成了一支志同道合、团结做事的力量，成为一个温馨可爱的大家庭呢？答案就在于我们的文促会是一个包容性很强的自愿组合。这里既有文化艺术大师、专家、名人，也有大批非专业的文化艺术爱好者，有热衷文化和艺术的企业家，有多年从事文化艺术管理和服务的在职、离退休机关干部、员工、转业军人，有白发老人也有年轻的姑娘小伙。这里没有专业、级别、年龄、户籍限制，这里也没有工资福利待遇，没有升迁发财的许诺，入会退会和参加活动完全自愿。但是，这里有"弘扬中华文化，促进文化交流"的共同信念和宗旨，会员都有中华文化基因，都有强烈的促进中华文化繁荣和发展的担当精神。还有一批以名家高手为主力的各专业委员会，有一批由热心文化事业的"家长"们主持的"会员之家"，有一个认真负责、不计名利、务实创新、辛劳勤奋、坚持学习不断提高的核心班子，联手构成的是一个志同道合，群策、群力、群为的大群体。

当然，一切更离不开自治区党委、政府的领导，离不开自治区党委宣传部，文化厅、民政厅、财政厅等各部门的信任、关心和支持，离不开中华文化促进会的亲切鼓励和具体指导。本会第二次会员大会召开时，时任自治区党委书记郭声琨的贺信高度评价说："你们创造性地开展工作，为促进文化发展做出了积极贡献。"

彭清华书记来广西工作以后，几次听取了我和林国强主席、文明主席的工作汇报，十分关心第三次会员大会的召开。他说，广西中华文化促进会所做的工作是广西精神文明建设的重要组成部分，很有意义。祝贺广西文促会第三次会员大会取得圆满成功！

广西中华文化促进会是在中华文化促进会高占祥主席亲自推动、关怀之下成立的。高占祥主席，王石、于广华、金坚范等副主席，张玉文秘书长及几位副秘书长多次到广西指导工作，并给予鼓励，给我会颁发了"弘扬中华文化奖"。

2015年4月29日，广西中华文化促进会阔步迈进第二个十年，召开了第三次会员大会，在总结第一个十年基础上，根据章程，选举产生了第三届理事会。

我坚信，在文明主席和新一届班子的主持之下，广西中华文化促进会一定会在新的时代创造新的业绩，铸就新的辉煌。

时任自治区党委书记郭声琨的贺信　　　　中华文化促进会的贺信

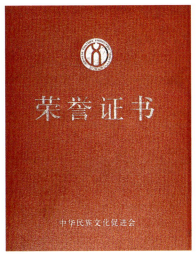

弘扬中华文化奖证书

广西中华文化促进会第三次会员大会会场

中华文化促进会王石主席出席广西中华文化促进会第三次会员大会并致辞

广西中华文化促进会第三届主席文明向李振潜颁发首席咨询聘书

广西中华文化促进会第三次会员大会合影留念

2015. 04. 29

二、文化活动

（一）群众文化活动

1.春联进万家　红火过春节

2006年1月22日，广西中华文化促进会与自治区文联、广西老年书画研究会、广西书法家协会、广西科技书画院、广西楹联协会、广西日报社联手举办首届书赠春联活动，得到广大群众和社会各界高度评价，之后连年不断，2009年正式纳入自治区"文化惠民工程"。如今，创作、书写和张贴春联已经成为广西广大城乡家家户户欢度春节的标志习俗。

2.音乐迎新春

　　自2008年起，在每年元旦和春节期间，广西中华文化促进会联合有关部门，组织广西音乐团体、音乐家，邀请国内外知名音乐家和乐团在广西民族艺术宫音乐厅、自治区政协礼堂举办大型音乐会，与广西人民共迎新春。

　　广西中华文化促进会的音乐家还多次赴桂林市、防城港市等地协助举办新年音乐会。

　　·2008年2月，举办"爱琴海之声"萨克斯独奏迎新音乐会。

　　·2010年八桂绿城迎新音乐会在南宁民族艺术宫音乐厅举办，邀请香港青少年交响乐团艺术总监高德仪女士指挥。

　　·2011年新年音乐会再次邀请香港青少年交响乐团艺术总监高德仪女士指挥。

· 2011年2月18日，举办"跃动壮城新春音乐会"，邀请年届七旬的我国著名老指挥家卞祖善先生指挥，瑞士信贷银行亚太区公司业务总经理、瑞士信贷银行北京代表处常务董事暨钢琴家布可曼博士弹奏。

· 2012年1月，邀请英国肯特郡交响乐团来南宁举办迎新年音乐会。

· 2013年1月31日，举办广西男高音迎春演唱会。

· 2014年1月20日，我会与广西电视台联合举办迎春音乐会，首演小提琴协奏曲《刘三姐》，邀请旅美青年小提琴演奏家谷丽莎演奏。

· 2015年1月3—4日，邀请英国伦敦艾特交响乐团与广西政协同心乐团联袂举办"新年海韵·同心音乐会"。

3.歌海"三月三"

　　农历三月三是壮族和广西各兄弟民族的传统节日，三月三歌圩已连绵千载不衰，是广西民族文化的重要标志和闻名中外的文化品牌。广西中华文化促进会成立以来，积极呼吁、推动确立"三月三"为自治区法定节日。2014年1月8日，自治区人民政府颁布98号令：正式明确"壮族三月三"为自治区法定节日，放假2天。4月2日，我会与青秀山管委会联合举办"三月三"联欢活动。

2014年4月2日，广西中华文化促进会与青秀山管委会联合在青秀山风景区举办2014广西"壮族三月三"联欢活动。

4.广场舞大赛

广西中华文化促进会倡议，自2009年起与自治区文化厅联合主办，广西群众艺术馆组织承办全区广场健身舞大赛活动。活动得到广西百益集团和广西超大运输公司的热情赞助，先后冠名"百益杯""超大运输杯"。大赛受到广大爱好者的欢迎，各市县争先恐后积极报名，成为广西城乡各地广大广场舞爱好者舒展情怀，交流才艺的平台。2014年11月第六届大赛期间，与自治区文化厅联名发布了《文明广场舞倡议书》，对开展广场舞活动场地的选择、时间的安排，以及配用扬声器的音量控制等，提出了具体要求。

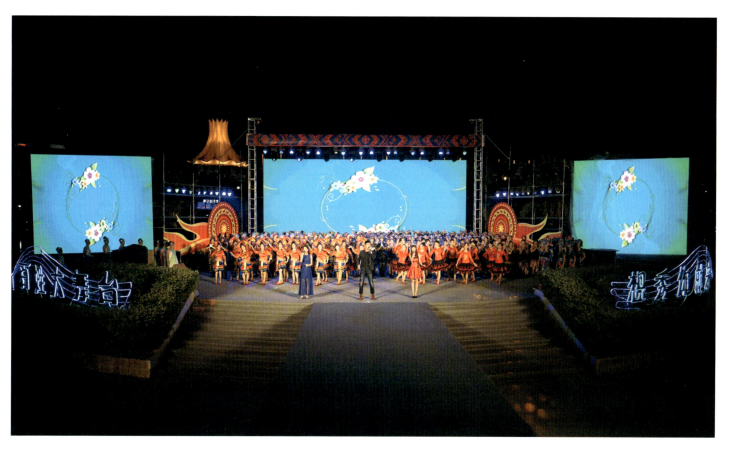

5.彩灯博览

"彩灯"是流传于中国民间的一支艺术奇葩，在保留民族风格和剪纸、传统扎糊技艺的基础上引用了新的光电技术，在融合时节、地方、风景和民族风情等方面有了新的发展。2013年中秋节期间，广西中华文化促进会和清风文化基金会邀请四川自贡飞龙彩灯文化艺术有限责任公司在桂林七星公园举办中秋彩灯博览会；2014年元宵节在南宁五象湖公园举办彩灯博览会，为广大群众欢度节日增添了色彩。

6.音乐中秋

2014年9月8日，广西中华文化促进会携手青秀山风景区管委会，于中秋之夜在青秀山大草坪举办了一台充满古典韵味的音乐晚会——"绿城时尚·民族中秋夜"。本会民乐团高手用二胡、古筝、琵琶等演奏了《花好月圆》《春江花月夜》《望月》等经典乐曲，著名歌唱家、国家一级演员鲍朝志登台引吭高歌，台上台下融为一体，展现了欢度中秋，共度佳节的美好场景。

7.国庆大联欢

　　2014年10月1日是新中国成立65周年，广西中华文化促进会与自治区关心下一代工作委员会在南宁市环境优美、风光如画的青秀山铜鼓音乐台联合举办"祖国，我爱你"国庆联欢活动。南宁市上千名青少年与老干部、老战士、老专家、老教师、老模范一起欢庆国庆。

（二）公益文化活动

1. "生命之光——情系汶川，同舟共济"文艺晚会

2008年5月12日汶川大地震发生后，为表达对地震灾区人民的深切关爱，广西中华文化促进会广大会员采取各种方式支援灾区人民，并与广西红十字会联手紧急排练一台以反映抗震救灾为主题的《生命之光、情系汶川、同舟共济》文艺演出，得到广西歌舞剧院、广西话剧团、广西木偶剧团、南宁市艺术剧院及广西武警文工团的热烈响应，仅用5天时间就完成了包括策划、创作、排练，以及灯光、舞美、演出的全部工作。2008年5月23日晚，广西民族艺术宫音乐厅观众爆满，一百多位刚运送物资从汶川回来的武警战士们应邀到场，演出现场台上台下群情激昂，高潮迭起，在《歌唱祖国》的嘹亮歌声中结束。活动得到了未来影像——亚洲国际青少年影像委员会、韵阳文化艺术有限公司、广西新兴未来影像文化传媒有限公司、梧州东力房地产置业公司的赞助与支持。

6月1日，广西中华文化促进会与广西红十字会共同组织来自四川北川县地震灾区和来自广西各地的小朋友在南宁举行了"庆六一、迎奥运、献爱心"联欢活动。

2. "爱佑安琪"慈善音乐会

　　"安琪之家"是创办于2002年的一所为脑瘫儿童提供康复、教育、生活护理、社交引导及职业培训的民间公益机构，广西中华文化促进会与南宁市残联、妇联等部门单位联合，从2010年开始，连年举办"爱佑安琪"慈善音乐会，为特殊儿童奉献爱心。

3. "世界从此欢声笑语"——向听障儿童赠送助听器

2013年11月28日至29日，斯达克听力基金会"世界从此欢声笑语"捐赠助听器中国项目桂林站活动在桂林市举行，广西中华文化促进会协助活动开展，向500名听障儿童捐赠了助听器。中国听力医学发展基金会会长陶斯亮、广西中华文化促进会李振潜主席、知名残疾人舞蹈家邰丽华等出席并主持了活动。

（三）专业文化活动

浩声视听新技术

由南宁浩声音响公司主办的"南宁国际视听展"，自 2006 年开办以来，年年举办，至 2015 年已举办十届。由于坚持文化性、先进性、普及性，展览突破了视听商品推销会的概念与形象，逐渐成为视听新技术的体验与享受的聚会。规模逐年扩大，效果越来越好，深受广大群众欢迎。2013 年 12 月 13 日，广西中华文化促进会浩声视听文化专业委员会在南宁浩声音响工贸有限公司挂牌成立，不断为广大群众提供最新视听新技术服务。

三、文艺创作

（一）出版传媒

1.文献纪录电影《五星红旗》及同名图书

　　2010年9月21日，在北京人民大会堂隆重举行了由广西中华文化促进会组织创作的文献纪录电影《五星红旗》和同名图书的首映首发式，以此纪念《中华人民共和国国旗法》颁布实施20周年和61周年国庆。大会由广西壮族自治区人大常委会副主任刘新文主持，全国人大常委会副委员长周铁农，广西壮族自治区党委常委、自治区副主席李金早和中华文化促进会副主席高峰致辞，全国人大常委会副秘书长李连宁、办公厅研究室主任沈春耀、法工委副主任李飞、中央党史研究室副主任龙新民、司法部副部长

郝赤秀、文化部副部长李洪峰、新闻出版署副署长孙寿山、全国总工会副主席倪健民、自治区政协副主席蒋培兰，中华文化促进会副主席潘震宙、于友先、于广华、李振潜等及中宣部、中央文献研究室、教育部、国家民委、国家广电总局、国务院法制办、团中央、全国妇联、中国电影基金会、北京市委宣传部，新闻媒体、中国青年政治学院、北京67中学师生代表出席。大会向出席仪式的国家图书馆，内蒙古、宁夏、新疆、西藏自治区代表和武警天安门国旗护卫中队的官兵代表赠送了《五星红旗》文献纪录电影光盘与同名图书。

周铁农副委员长在大会上发表讲话说："在中华人民共和国成立61周年和《中华人民共和国国旗法》颁布实施20周年之际，我们在这里举行文献纪录电影、图书《五星红旗》首映首发仪式，这对深入学习宣传贯彻《国旗法》，进一步增强公民的国旗观念，高扬爱国主义旗帜，弘扬爱国主义精神，加强社会主义民主和法制建设，具有十分重要的意义。"

2013年1月电影《五星红旗》被评为广西第12届精神文明建设"五个一工程"（2009—2012）优秀作品奖，广西中华文化促进会常务副主席朱焱出席颁奖仪式，并代表文促会接受获奖证书。

文献纪录电影《五星红旗》及同名图书首映、首发式在北京人民大会堂隆重举行（记者赵品贤、何运斌 摄）

国旗情结在胸中激荡

——就文献纪录电影《五星红旗》及图书诞生经过

访广西中华文化促进会（摘要）

广西日报记者　蒋林

2010 年 10 月 19 日

国旗飘扬，国歌嘹亮。文献纪录电影《五星红旗》自播出以来，好评如潮。记者日前就影片产生的来龙去脉采访了广西中华文化促进会，了解创作初衷和拍摄过程中的执著精神。

严肃主题　生动体现

电影《五星红旗》以时间为轴线，将一系列重大历史事件瞬间产生的珍贵镜头和发生在国内外的真实故事，艺术地浓缩在六十分钟的画面里，全方位地阐述五星红旗的厚重历史和丰富内涵，展示新中国整整六十年的巨变和丰功伟绩。中华文化促进会主席高占祥观影后说："严肃的主题，生动的体现。一部文献纪录片能感动得让人落泪，难能可贵。"同名图书以对《中华人民共和国国旗法》的解读为主线，从国旗的诞生到《国旗法》的制定与实施，引用大量国旗人物、故事、事件，简明、生动、全面地阐述了有关条例、规范、礼仪，激励广大人民群众和青少年尊重国旗、热爱国旗、捍卫国旗，为国旗增光。

感人的电影和生动的读本表明了一个真理：五星红旗拥有不可估量的凝聚力、号召力、战斗力和前进动力。正如影片解说词所高度概括的：五星红旗是中华民族争取独立解放的旗帜！是中国人民捍卫国家统一的旗帜！是中华各民族团结友爱的旗帜！是中国人民爱好和平的旗帜！是中华民族伟大复兴的旗帜！

地处边疆　心怀祖国

为什么地处边疆、作为少数民族自治区的广西会率先提出拍这部影片、编这本书？好几次都有人向广西方面的创作人员提出过这个问题。其实道理很简单：高高飘扬在祖国各地和每一位中国人心中的五星红旗，对于生活在边境地方的人来说，显得更亲切。因为国旗象征着祖国，是靠山，是希望，是尊严。至于具体项目的提出，要从广西中华文化促进会说起。2005 年，广西中华文化促进会正式成立。这是一个在自治区民政厅注册、由文化厅主管的社会团体。从成立之初就得到自治区党委和政府领导的关心与支持，以"弘扬中华文化，促进国际交流"为宗旨，由文化学者、艺术家、文化活动家、热心文化的企业家等自愿组合，成员不受地域和国籍限制。当时，文促会一些同志针对城乡升挂国旗少和不规范的现象，提出把宣传国旗法、增强国旗意识、倡导多升挂国旗列为实践文促会金宗旨的首批重要行动计划，得到一致赞同。

2006年8月1日，广西中华文化促进会正式向自治区党委宣传部和自治区精神文明委员会提交了"关于开展宣传《国旗法》和升挂国旗活动的建议"，得到部、委领导高度重视，并确定由文化促进会负责编写《国旗法》宣传手册。

编写组成员在深入调研后发现，不少人对升挂国旗概念模糊，或存在一种神秘感，误认为普通公民无权自己升挂国旗。这说明《国旗法》的宣传普及不到位，国旗意识不强。为收集资料，他们赴京采访了国旗护卫队、国旗博物馆，拜访了有关专家，并设法了解全国各地有关情况。各方的鼓励与支持，促使文化促进会在2006年11月22日进一步提出一个包括拍摄电视专题片在内的更为充实的"国旗工程"建议方案，再次得到自治区党委宣传部领导支持，并要求把"国旗工程"的这两个具体项目——"读本"和"电视专题片"做成精品，由广西师范大学出版社承担出版任务。

努力创作　精益求精

面对重大、严肃的创作任务，

全国人大常委会副秘书长李连宁（右一）在人民大会堂与广西文促会李振潜主席等商量《五星红旗》首映式。

《五星红旗》电影、图书有关编辑人员于中央新闻电影制片厂

《五星红旗》电影、图书进军营

编辑组既感到无上光荣，又感到压力巨大。为能把严肃的法律条文释解得既准确、清楚，又通俗、生动，反复设计了许多方案，提纲脚本更是几易其稿，仅标题就曾有过《国旗》《共和国之旗》《我们心中的旗帜》《国旗礼赞》等多个提法，最后才决定采用《五星红旗》，而且影、书同名。

从 2007 年正式起步至最后完成创作期间，我们的国家发生了举世皆知的三件影响深远的特大事件：一是撼动世界的汶川大地震；二是成功举办了期盼百年的北京奥运会；三是举世瞩目的中华人民共和国成立六十年周年庆典。在全国中华文化促进会的关心和支持下，中央电视台新影制作中心正式参与联合摄制。一个拥有最丰富影视资源的新闻纪录电影权威机构的加盟，为项目成功提供了保障，增添了信心。作为国家最主要的新闻报道队伍，新影中心必须以报道当时发生的国家大事为压倒一切的中心任务和工作重心，《五星红旗》创作项目的运作似乎有所延迟。然而这三件特大事件，也正是我们的五星红旗绽放光辉最耀眼的展现，自然也就成为我们的国旗片中最新、最亮丽的画面，而且使作品能完整地记录五星红旗光辉的六十年。内容有了极大的充实，作品更具震撼力。伴随影片的制作，同名图书也从结构到字句、段落、图片的选择，进行了多次修改。

五星红旗剧组拍摄柳州升五星红旗居民

文献纪录电影和同名图书基本完成于 2010 年初。2010 年又正逢《中华人民共和国国旗法》颁布实施 20 周年，真是生逢其时！两部作品受到全国人大有关负责同志的重视，明确表示支持作品的创作，并做出了配合《国旗法》纪念活动的安排。人大有关部门的同志和专家认真审查影片和图书，提出了重要的修改和补充意见。为使作品精益求精，广西广播电影电视局几次审看作品，研究修改。

2010 年 9 月 21 日，在举国热热闹闹度中秋、欢欣鼓舞迎国庆的热烈气氛中，在北京人民大会堂隆重举行了文献纪录电影《五星红旗》的首映首发式。周铁农副委员长出席并发表意蕴深刻的讲话，他说："在中华人民共和国成立 61 周年和《中华人民共和国国旗法》颁布实施 20 周年之际，我们在这里举行文献纪录电影、图书《五星红旗》首映首发仪式，这对深入学习宣传贯彻《国旗法》，进一步增强公民的国旗观念，高扬爱国主义旗帜，弘扬爱国主义精神，加强社会主义民主和法制建设，具有十分重要的意义。"

弘扬文化　为国增光

《五星红旗》首映首发式后，各方反应强烈。国庆节期间，中央电视台、广西电视台及中央数字电视书画频道等多次播放报道，同名图书也在新华书店设专柜发行。

2010年10月2日，《广西日报》头版以"我区举行少数民族村升国旗唱国歌仪式"为题刊发报道，全区9个市所辖58个民族乡597个少数民族村隆重举行国庆升国旗唱国歌仪式。同时，以《祖国永远在我们心中！》为题，报道了首府群众观看升国旗的盛况。《南国早报》等报刊也刊登了国庆期间南宁市公共场所按要求升挂国旗、国旗飘满邕城大街小巷的报道。这些消息令人兴奋，说明各地的国旗意识在明显增长。

周铁农副委员长在首映首发仪式上指出，要把学习和宣传贯彻《国旗法》，与进行中共党史、中国近代史的学习教育结合起来，与培育和弘扬伟大民族精神结合起来，与爱国主义教育、民族团结进步教育和构建社会主义和谐社会的宣传教育结合起来，加强社会主义核心价值体系建设，巩固全党全国各族人民团结奋斗的共同思想基础，进一步增强公民尤其是青少年的国旗观念，增强民族自尊心、自信心和民族自豪感，从而自觉维护国旗的尊严，为实现中华民族的伟大复兴而努力奋斗。

高占祥（右四）、李连宁（右五）谈《五星红旗》观后感

在拍摄电影和编写国旗知识读本的过程中，有关人士也遇到了不少有关国旗制作、使用、保护等方面的实际问题，甚感一部《国旗法》难以对各项细节作出具体规定，国家十分需要制定《国旗法》实施办法或实施条例。纪念《国旗法》颁布实施20周年，放映和发行文献纪录电影《五星红旗》及同名图书，只是对加强宣传和贯彻《国旗法》的一项举措，一次推动。弘扬国旗文化的工作，永无止境。

中央新闻记录电影制片厂厂长高峰（右一）参加《五星红旗》审片会

2. 电视连续剧《红七军》

为纪念百色起义和红七军成立80周年，在莫文骅、韦纯束、黄荣等许多老同志的关心和支持下，由广西中华文化促进会常务理事，剧作家侯培中编写的反映邓小平、张云逸、韦拔群等老一辈革命家创建红七军战斗历程的30集电视连续剧《红七军》，由自治区党委宣传部、广西广电局、广西中华文化促进会、广西电影制片厂、广西满地乐影视文化有限公司等单位联合摄制完成，于2009年11月29日晚在央视一套次黄金时段首播，该剧的高清版也在央视高清频道同时播出。该剧播出后，反应热烈，受到媒体高度关注，观众普遍好评，产生了积极影响。

《红七军》总导演吴子牛采访红七军老战士黄荣

邓小平秘密进入广西，雷经天码头迎接

邓小平和张云逸、韦拔群会师平马

《红七军》编剧、导演、制片人采访自治区原主席韦纯束

红七军胜利完成小长征，毛主席盛赞褒奖，授千里来龙红旗

3.《周民震文集》

　　著名壮族作家、广西中华文化促进会发起人、创办者周民震，收集自己毕生的创作成果，包括电影文学剧本、舞台戏剧剧本、散文、小说、文论等主要作品，出版了约300万字5卷本《周民震文集》。他的电影作品《苗家儿女》《甜蜜的事业》《春晖》，戏剧作品《三朵小红花》《瑶山春》等生活气息浓厚，时代感鲜明，民族特色突出，家喻户晓，记录了一个时代，影响了一代人。《周民震文集》收录的创作成果，同时表达了他在文化方面的许多独到见解和主

张。周民震16岁投身革命，经历过打游击和抗美援朝的枪林弹雨，转业后长期奋斗在文化战线，曾任广西文化厅厅长、文联副主席，主管文化工作，《周民震文集》体现的既是他几十年勤奋的创作历程，也是他光辉的革命经历。2013年5月26日广西中华文化促进会举行《周民震文集》座谈会，并授予周民震先生"文化之星"牌匾。

4.彭匈讲座光碟《广西历史文化掠影》

广西中华文化促进会常务理事彭匈,中国作家协会会员,广西作家协会第三、四、五届理事,广西散文创研会副会长,广西出版工作者协会副会长,广西师范大学、广西民族大学客座教授,广西有突出贡献专家。几十年来他创作、发表了大量中短篇小说、散文、随笔,在广西电视台和《南国早报》开设专栏,到广西高校及各地文化部门举办深入浅出、丰富多彩的讲座。2013年初,在广西中华文化促进会支持下,彭匈的《广西历史文化掠影》珍藏版光碟上下两集出版,生动地讲解了广西古今,介绍了历代名人如李商隐、徐霞客、马君武、雷沛鸿、梁簌溟、郭沫若、王力的广西情结,以及广西的许多历史传说和风土人情。

5.科普影视创作探索

为实施《全民科学素质行动计划纲要》（2006—2010—2020），推进科普文化创作，在自治区党委宣传部、科技厅的关怀和支持下，2006年6月2日宣传部、科技厅、科协、中国科技开发院广西分院与广西中华文化促进会负责人召开协调会，一致认为在科技进步一日千里，广西经济、社会快速发展的今天，采取科技与文化艺术结合的方式，以生产、生活中需要的新知识新技术为主要内容，以广大群众为对象，以提高全民科学素质为目的，开展科普影视创作，是一项具有创新意义的大工程。确定请一级导演伦振刚担任总编导，启动了《水牛奶业》等科普电视片的摄制。2008年以后，该项目以"科普新形式研究"为题立项，工作转由科技厅属广西生产力促进中心负责。广西中华文化促进会创作室工作重点转到编写《国旗知识读本》和拍摄《共和国旗帜》即后来的《五星红旗》。

（二）书画摄影

1.纪念长征胜利70周年老年书画展

为纪念中国工农红军长征胜利70周年，缅怀毛泽东主席逝世30周年，广西中华文化促进会与广西书法家协会、广西老年书画研究会联合主办，广西艺玲商务有限公司承办的"艺玲东盟杯"老年书法作品大赛，于2006年11月25日举行。有358人送来586件作品参赛，大赛活动评出一、二、三等奖和纪念奖。

老同志陈辉光（右六）、黄云（右五）、丁延模（右七）、黄语扬（右四）出席颁奖仪式

2.梁万淇、梁本明祖孙书画展

2007年10月，广西中华文化促进会与广西科技书画院联手在广西图书馆举办"梁万淇、梁本明书画展"。梁万淇为广西科技书画院常务副会长、广西中华文化促进会常务理事，祖孙多年潜心书画艺术，热心公益事业。

3.王猛画展

广西中华文化促进会于2007年和2011年两次为常务理事王猛举办画展。

王猛，1955年6月生于山东诸城，一级舞台美术设计师，著名画家，广西师范学院教授。他从艺多年，热爱与追求民族民间文化艺术，成果丰硕。

2007年10月26日，在首届中国—东盟博览会前夕，广西中华文化促进会与南宁市文化局联合在南宁市图书馆举办"王猛画展"，作为南宁国际民歌艺术节系列文化活动之一。

2011年9月28日，为迎接第八届中国—东盟博览会，广西中华文化促进会与广西新榜样有限责任公司举办王猛大型油画展《渐醒吴哥》，展出了以吴哥窟众神像为题材的油画50多幅，以《儿时回忆》为题的彩墨小品画20多幅，反响强烈，受到画界、广大观众及柬埔寨驻广西总领事高度赞扬。

2012年4月6日，年仅57岁的画家王猛因病过早辞世，特别值得敬佩和怀念的是，他在临终前主动提出，把遗体捐献给医学事业，在他仅仅57年的生命结束时，他奉献的不仅是精湛的艺术成果，他的角膜已经使两个孩子重见光明，他是广西文促会的骄傲。

《渐醒吴哥》油画展开幕式

油画

照片

4.《岁月·年轮》九人书画、摄影作品展

2008年3月20日，广西中华文化促进会在广西博物馆举办了会员张忠安、黄文宪、陈伯群、黄启荣、覃汉尊、颜祖球、徐子平、陈卫平、莫万祯等9位画家的书画、摄影作品展，展出300多幅精品力作，包括国画、油画、水粉画、水彩画、版画以及书法、摄影等作品，内容丰富、多姿多彩、技艺高超、反响强烈。

5.帅立志、帅立国、帅立功、帅民风作品展

2009年1月4日，新年伊始，广西中华文化促进会与南宁市委宣传部、广西老年书画研究会共同在广西博物馆举办了广西知名书画艺术世家帅立志、帅立国、帅立功、帅民风作品展，共展出作品100多件。时任自治区主席马飚、老同志黄云、丁廷模、钟家佐，南宁市副市长肖莺子，广西中华文化促进会主席李振潜等出席剪彩祝贺。

时任自治区主席马飚参观展览

帅立志（中）介绍他的雕刻作品

帅立志书法作品

帅立国书法作品

6.良凤江书画摄影活动

2009年7月，为纪念广西南宁良凤江国家森林公园建园30周年，广西中华文化促进会受委托与广西楹联学会及公园管委会联合组织，邀请十余名知名画家、摄影家，分批次到园区写生、创作、举办展览，自治区老领导韦纯束、张文学，广西中华文化促进会主席潘鸿权及韦生进、马冰青、廖铁星等出席。

参加活动的书画、摄影家合影

7.张忠安戏曲人物画展

　　2011年2月18日，广西戏曲人物写意画家张忠安戏曲人物画展在广西博物馆开幕。张忠安，广西桂林人，广西中华文化促进会常务理事，曾任广西京剧团团长，一级舞台美术设计师，广西舞台美术学会会长。多年潜心戏画创作，丰富的戏剧生活和深厚的美术功底，造就其戏画作品别具一格，自成一家，被誉为中华文化的艺术品牌。此次共展出京剧、桂剧、彩调剧、川剧、越剧等剧种在内的戏曲人物写意及人物脸谱作品225幅，是其多年戏曲、绘画从艺经历的沉淀与结晶。

广西文联主席潘琦参观"张忠安戏画展"

展出现场

张忠安戏画作品《宝莲灯》

8. "民族魂·中国梦"区市文促会书画影联展

自治区及北海、柳州、桂林、防城港市五家中华文化促进会联合举办的"民族魂·中国梦"书画摄影作品巡回交流展，于2015年1月28日在展览倡议者——柳州市中华文化促进成立5周年的纪念大会期间开幕，随后依次在桂林、南宁、北海、防城港市展出。参展作品均为会员们的潜心之作、精心之作，诠释着广西中华文化促进会广大会员对八桂大地的拳拳爱心和对中国梦的执着追求。

南宁巡展开幕式

南宁巡展

北海巡展合影

防城港巡展

桂林巡展合影

柳州巡展

广西图书馆展厅

四、舞台文艺

（一）大型文化艺术活动

1.中国残疾人艺术团《我的梦》在南宁演出

2005年7月28—30日，刚成立的广西中华民族文化促进会与自治区文化厅、南宁市残疾人联合会、南宁市竹篱笆餐饮连锁企业共同邀请中国残疾人艺术团在南宁广西人民大会堂演出《我的梦》三场。中国残疾人艺术团曾走遍国内30个省市自治区，出访40个国家和地区，被誉为"全球残疾人的形象大使"。特殊艺术家们的精彩感人技艺所体现的顽强意志、挑战精神，给观众以极大激励，演出获得极大成功。

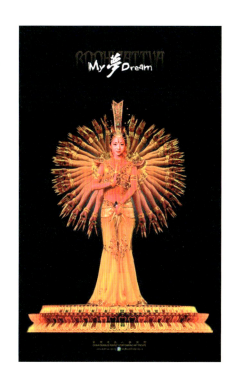

2.澳门交响乐团演出

2007年5月1日、3日，自治区人民政府与中华民族文化促进会联合邀请澳门特别行政区文化局所属澳门交响乐团，在桂林市漓江剧院、南宁市南宁剧场举办精彩演出。广西中华民族文化促进会作为协办单位，为推进澳门与广西文化交流发挥了积极作用。

3.第八届中国国际单簧管萨克斯艺术节暨大明山国际森林音乐节

2010年8月11—14日，广西中华文化促进会与广西文化厅、广西旅游局和中国单簧管学会共同主办的第八届中国国际单簧管萨克斯艺术节暨大明山国际森林

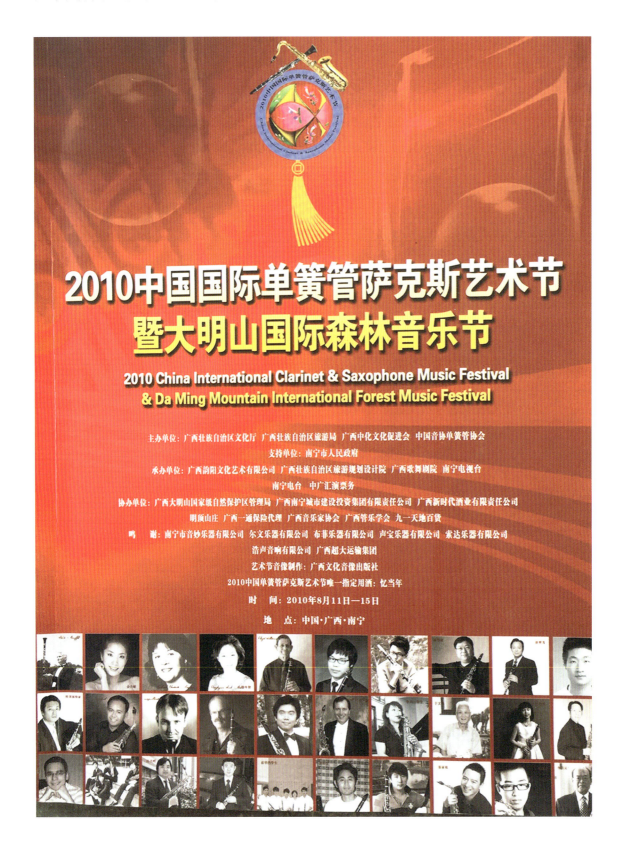

音乐节，在南宁广西民族艺术宫音乐厅及大明山风景区举行。室内外一系列活动展示了改革开放以来中国单簧管、萨克斯器乐普及教育成果，促进了国际文化艺术交流。活动有众多国内知名艺术家出席，并邀请了美、法、德、英、俄、意、韩、日以及中国港、台地区演奏家光临。

舞台演出

相聚大明山上

闭幕式音乐会

4.反腐倡廉扬正气《清风莲语》颂情操

2012 年 7 月 27 日，广西中华文化促进会与自治区文化厅和《清风·中国行》活动组委会联合举办了一台别开生面的晚会。首先，主办单位向广西党政机关干部赠送一批由福建作家胡洪林主编、中华文化促进会主席高占祥作序的《清风臻品》书法集。这是一部由百位书法家从浩如烟海的古今中华诗词里精选出来的以清廉为主题的诗词书法精品，是诗书文合璧的廉政文化鉴赏宝典。之后，与会者观看了广西话剧团编排创作的廉政诗词朗诵表演晚会——《清风莲语》。清风，有高风亮节、浩然正气的寓意；莲语，是正直向上、淡泊名利等高尚品质的诠释。朗诵会生动、感人，获得极大成功。

晚会结束合影

寒芳、唐仲亭朗诵郑板桥《竹石》

蓝振波 朗诵文天祥《过伶仃洋》

张民甫 朗诵袁枚《咏钱》

褚家设朗诵于谦的廉洁诗

黄玉萍朗诵《清廉》篇导语

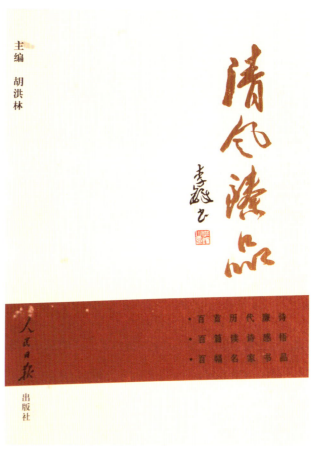

集体朗诵毛泽东《八连颂》

（二）百花绽放，推陈出新

1. "迎春放歌"——于敏独唱音乐会

于敏，桂林斯达莱特石业开发有限责任公司总经理，广西中华文化促进会常务理事，早年就读于中央音乐学院，毕业后下海经商，不忘声乐练习，为颇具才华的声乐隐士。2012年1月10日在广西中华文化促进会的鼓励和支持下，他在广西民族艺术宫音乐厅举办"迎春放歌"独唱音乐会，一炮打响，获得成功。

2. 新苗李燕儒琵琶演奏

2012年8月20日，广西中华文化促进会创意文化中心举办李燕儒琵琶演奏音乐欣赏会。李燕儒是上海音乐学院二年级在读学生，广西京剧团琵琶演奏家和制作家傅家荣先生培育的新秀。

3.翁葵从艺40周年独唱音乐会

　　翁葵，广西艺术学院音乐学院声乐教授，中国音乐家协会会员、中国少数民族声乐学会理事、中国民族声乐研究会会员、中国少数民族音乐学会会员、中国声乐家学会会员、广西音乐家协会理事。广西中华文化促进会与广西大学、广西音乐家协会、中国国际声乐艺术研究会于2012年11月6日在广西民族艺术宫音乐厅，为恭贺翁葵教授从艺40周年，共同主办翁葵从艺40周年独唱音乐会。音乐会上，翁葵教授演唱了《咱老百姓》《三峡情》《怀念战友》等十多首包括中国民歌、艺术歌曲和中国现代创作歌曲不同风格的作品。音乐厅座席走廊爆满，气氛十分热烈。

翁葵教授演唱，广西交响乐团伴奏

翁葵教授与著名女高音歌唱家黄华丽二重唱

音乐厅观众场面

4.广西男高音演唱会

2013年1月31日晚，5月31日晚，6月28日晚，广西民族艺术宫音乐厅连续三次举办广西男高音演唱会。广西六位知名男高音马定和、贾双飞、李海兵、翁葵、潘世明和于敏先后以独唱、二人对唱、三人齐唱、六人合唱等方式，演唱了脍炙人口、久传不衰的中外名曲。广西男高音同台献艺，铿锵高昂的歌声受到观众的热烈欢迎。

5.纪念全面抗战76周年音乐会

2013年6月28日，为纪念全面抗战76周年，广西中华文化促进会与广西八桂之韵文化传播有限公司、广西歌王文化有限责任公司、广西幸福九州投资有限公司合作，在广西民族艺术宫音乐厅举办音乐会，音乐会由广西中华文化促进会爱乐乐团伴奏，国家一级演员鲍朝志主持。广西"六大男高音"翁葵、李海兵、潘世明、贾双飞、于敏、马定和先后登台引吭高歌抗日名曲《保卫黄河》《游击队之歌》《红星照我去战斗》等，全场精神振奋，高潮迭起。

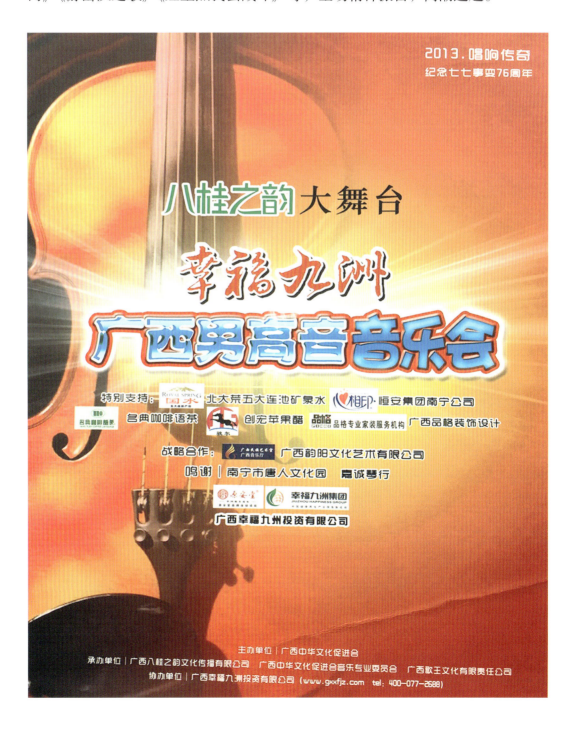

6.《彩调缘》——马定强从艺40周年交响演唱会

2013年12月8日，广西中华文化促进会在广西民族艺术宫音乐厅隆重举行马定强从艺40周年演唱会——《彩调缘》。马定强是著名彩调表演艺术家、国家一级演员，曾主演《刘三姐》等50多个剧目，其中壮剧《歌王》获中宣部"五个一"工程奖和文化部文华奖。在《彩调缘》演唱会上，在交响乐伴奏下，他演唱了《刘三姐》的精彩选段。广西中华文化促进会向马定强先生致从艺40周年祝词并赠送了书法作品和坭兴陶艺纪念品。

向马定强赠送书法作品和纪念品

马定强演唱《刘三姐》

闭幕合影

7. "三绅士"组合——高音迎春

"山林藏龙卧虎，平地孕育高音"，广西中华文化促进会常务理事于敏与其歌友李源伟、冯宝宏都是成功企业家，非职业演员，但都是技艺高超的"男高音"，志同道合组成了"中国绅士男高音"组合，多次在国内外热情演出献艺，曾挺进《我要上春晚》年终总决赛。2014年1月19日，由广西中华文化促进会策划组织，三位高手莅临南宁民族艺术宫音乐厅举办新春音乐会，与听众共迎新春，获得成功。

新春音乐会

8.小提琴协奏曲《刘三姐》首演式

2014年1月20日晚，广西中华文化促进会与广西电视台在民族艺术宫音乐厅联合举办迎春音乐会暨小提琴协奏曲《刘三姐》首演式。广西中华文化促进会常务理事、指挥家张效东执棒指挥，广西交响乐团伴奏。特邀旅美青年小提琴演奏家谷丽莎以甜美而深情的琴声奏出了《刘三姐》清新流畅婉转高亢的旋律，"刘三姐"扮演者王予嘉同台亮相，留法青年钢琴家陈斯凡弹奏了钢琴协奏曲《黄河》。音乐会自始至终激情热烈，观众掌声不断。

青年钢琴家陈斯凡弹奏《黄河》

刘三姐扮演者王予嘉亮相

小提琴演奏家谷丽莎演奏《刘三姐》

五、文化传承

（一）收藏文化研讨会

为传承与弘扬中华文化，促进广西收藏文化发展，广西中华文化促进会收藏文化研究会于2009年1月17—18日举办了"迎新收藏文化研讨会"，活动由广西文促会常务理事、广西博物馆原馆长、中国考古学会理事、中国铜鼓研究会理事长蒋廷瑜先生主持，邀请知名鉴赏家蔡国声、李彦君先生出席指导，众多收藏爱好者出席。

蒋廷瑜

蔡国声

李彦君

（二）"汉风唐韵"——广西民间收藏汉唐陶塑艺术珍品展

2009年9月23日，由自治区文化厅主办，广西中华文化促进会和广西民族博物馆承办的"汉风唐韵"——广西民间收藏汉唐陶塑艺术珍品展在广西民族博物馆开幕。展品是从广西民间收藏家的挚爱珍品中遴选出来的，100余件（套）汉唐陶塑艺术珍品中，有汉代陶屋、跪俑、乐俑、文官俑、唐代三彩马、三彩骆驼、骆驼载乐俑、仕女骑马俑、仕女对弈俑，生动再现了汉唐盛世的生活片段，具有极高的历史和文化价值。

开幕式剪彩

蒙古常务副主席为原自治区主席韦纯束介绍展品

彩陶马

仕女对弈

唐代仕女图

腾马

战马

彩陶马

（三）非物质文化遗产保护研究中心

广西中华文化促进会于2012年成立了非物质文化遗产保护研究中心，开展广西民族民间文化资源收集整理、深入研究及传承保护工作。

（1）非物质文化遗产资源的普查及收集。

经对博白县绿珠口传故事的普查、收集、采录，整理、研究，提出申报，2012年《绿珠传说》已正式列入广西壮族自治区非物质文化遗产保护名录。

讲述绿珠传说

整理绿珠传说资料

（2）协同自治区文化厅非遗处，申报非物质文化遗产《百鸟衣传说》成功进入由中央电视台主办、国家文化部支持、中华文化促进会协办的"中国非物质文化遗产电影推广项目"。

百鸟衣电影启动仪式

讲述百鸟衣的故事

（3）组织进行《末茶制作技艺》项目的调研和申报工作，2014年正式列入广西壮族自治区非物质文化遗产保护名录。

100岁舅婆婆传茶道　　　　　　　　　　　　　　　　煮茶

（四）桂林桂剧、彩调、文场传承基地

2013年6月21日，经自治区文化厅批准，广西中华文化促进会"桂剧、彩调、文场"传承基地在桂林市科苑自然艺术博物馆揭牌。对国家级非物质文化代表性项目桂剧、彩调、文场进行抢救、挖掘、收集、整理工作，并积极开展培训及演出，受到广大市民的欢迎。

桂林桂剧、彩调、文场传承基地成立大会

到阳朔演出

优秀节目选拔赛

（五）电脑时代的提笔忘字与传承汉字书写文化研讨会

针对近年来长期使用电脑，导致提笔忘字的现象，为巩固拼音基础，加深对汉字结构的认识，使汉字书写得到更好的传承，广西中华文化促进会在广西区语委、广西社科联、共青团广西区委的支持下，于2009年2月21日在广西科学活动中心举办了电脑时代的提笔忘字与传承汉字书写文化研讨会。

电脑时代的提笔忘字与传承汉字书写文化研讨会

（六）楹联风景　相得益彰

2011年10月11日，由广西中华文化促进会和南宁市园林局主办的"金花茶公园风景楹联文化座谈会"在金花茶公园内举行。几十幅由著名书法家书写的楹联安装在公园的各个景点，吸引了众多游客驻足，品味意境，赞叹楹联与风景相得益彰。

座谈会

观看楹联

楹联　　　　　　　　　　　　　　　　　楹联

（七）2013（癸巳）年中国古画年历

　　广西中华文化促进会常务副主席蒙古提出印制《中华文化促进会会员收藏挂历》的倡议，并提供他多年收藏的历代字画珍品原作制作2013（癸巳）年中国古画年历，年历于2012年底制作完成，成为一件具有收藏价值的新年文化大礼包，受到喜爱和欢迎，认为这是在保护珍贵收藏安全无损前提下，普及和提高文化艺术珍品知识的好办法。

郎 柱　35 cm × 90 cm　纸本设色

郎 柱（1686年—1772年）字除霞，号小山，晚号 知北人，江苏无锡人。雍正五年（甲第一名进士，初翰林院编修累行宫向道乾尊擢生，贵州学政，大事令宗巡，大理与胡 礼部行道，江宁门阙学士，性雅漂花卉，擢传菊雀鸡狄，风居置兼 他泽奥博 罗勇俊逸 慰硫摘凿

壹月

2013年　癸巳年【蛇】

星期一	星期二	星期三	星期四	星期五	星期六	星期日	星期一	星期二	星期三	星期四	星期五	星期六	星期日	星期一	星期二
1	2	3	4	5	6	7	8	9	10	11	12	13	14	15	16
17	18	19	20	21	22	23	24	25	26	27	28	29	30	31	

冷 枚　60 cm × 130 cm　纸本设色

冷枚（1669年—1742年）清代宫廷画家，字吉臣，号金门画史，山东胶州人。焦秉白弟子，善画白物，界画，界画自专，外画人物）赵晓清，具爱柔和，具著成雅工带阔，点图屋宇器饰，铺重贝柳精插，亦牛颇有致

貳月

2013年　癸巳年【蛇】

星期五	星期六	星期日	星期一	星期二	星期三	星期四	星期五	星期六	星期日	星期一	星期二	星期三	星期四	星期五	星期六
1	2	3	4	5	6	7	8	9	10	11	12	13	14	15	16
17	18	19	20	21	22	23	24	25	26	27	28				

改琦　45 cm × 120 cm　绢本设色

改琦（1773—1828年）回族，先世本西域人，祖父定居北京⋯⋯

廣西中華文化促進會

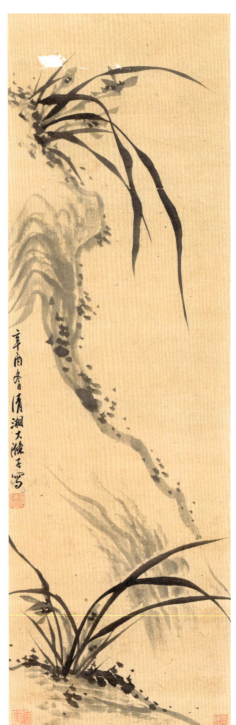

叁
月

2013年
癸巳年【蛇】

星期五	1	
星期六	2	
星期日	3	
星期一	4	
星期二	5	
星期三	6	
星期四	7	
星期五	8	
星期六	9	
星期日	10	
星期一	11	
星期二	12	
星期三	13	
星期四	14	
星期五	15	
星期六	16	
星期日	17	
星期一	18	
星期二	19	
星期三	20	
星期四	21	
星期五	22	
星期六	23	
星期日	24	
星期一	25	
星期二	26	
星期三	27	
星期四	28	
星期五	29	
星期六	30	
星期日	31	

肆
月

2013年
癸巳年【蛇】

星期一	1	
星期二	2	
星期三	3	
星期四	4	清明节
星期五	5	
星期六	6	
星期日	7	
星期一	8	
星期二	9	
星期三	10	
星期四	11	
星期五	12	
星期六	13	
星期日	14	
星期一	15	
星期二	16	
星期三	17	
星期四	18	
星期五	19	
星期六	20	
星期日	21	
星期一	22	
星期二	23	
星期三	24	
星期四	25	
星期五	26	
星期六	27	
星期日	28	
星期一	29	
星期二	30	

石涛
30 cm × 95 cm
纸本水墨

石涛（1630年—1724年）清初⋯⋯

廣西中華文化促進會

董其昌　54 cm × 110 cm　纸本设色

董其昌（1555年—1636年）字玄宰，号思白、香光居士，上海松江人，万历进士，官至南京礼部尚书，太子太保等职。董其昌天赋聪敏，读书广博，工诗文、擅书画，精鉴藏。书法吸取各家之长，自成一体，追临书画，他的绘画有士大夫气质，笔墨秀润华滋，意趣高古，笔致绵密深秀，意境幽雅，自成面貌。在明末影响很大。

伍月
2013年　癸巳年【蛇】

星期三	星期四	星期五	星期六	星期日	星期一	星期二	星期三	星期四	星期五	星期六	星期日	星期一	星期二	星期三	星期四
1	2	3	4	5	6	7	8	9	10	11	12	13	14	15	16
17	18	19	20	21	22	23	24	25	26	27	28	29	30	31	

陆月
2013年
癸巳年【蛇】

	1	
星期日	2	
星期一	3	
星期二	4	
星期三	5	
星期四	6	
星期五	7	
星期六	8	
星期日	9	
星期一	10	
星期二	11	
星期三	12	
星期四	13	
星期五	14	
星期六	15	
星期日	16	
星期一	17	
星期二	18	
星期三	19	
星期四	20	
星期五	21	
星期六	22	
星期日	23	
星期一	24	
星期二	25	
星期三	26	
星期四	27	
星期五	28	
	29	
星期日	30	

王翚（1632年—1717年）字石谷，号耕烟散人，乌目山人，清晖主人，江苏常熟人。王翚少时，受业于同里名画家张珂，稍长拜王鉴、王时敏为师，临摹历代名作，遂画艺精进，饮誉画坛。王翚、王时敏、王鉴、王原祁、恽寿平、吴历合称"四王吴恽"或"清六家"。王翚为清初画坛正宗，创"虞山派"，在画坛影响甚大。

王翚　30 cm × 85 cm　纸本设色

柒
月

2013年
癸巳年【蛇】

星期一	1	
星期二	2	
星期三	3	
星期四	4	
星期五	5	
星期六	6	
星期日	7	
星期一	8	
星期二	9	
星期三	10	
星期四	11	
星期五	12	
星期六	13	
星期日	14	
星期一	15	
星期二	16	
星期三	17	
星期四	18	
星期五	19	
星期六	20	
星期日	21	
星期一	22	
星期二	23	
星期三	24	
星期四	25	
星期五	26	
星期六	27	
星期日	28	
星期一	29	
星期二	30	
星期三	31	

居廉　　80 cm × 135 cm　　纸本设色

居廉（1828年－1904年）字士刚，号古泉，番禺隔山乡人，与堂兄居巢齐名。因居隔山而号“隔山老人”。相传家居筑有啸月琴馆，每日口吟，晚号昔泉。擅野花、蜂蝶小品，兼善山水、人物。画法受居巢影响，尤善撞水、撞粉之法，世称“二居”。广西画坛受“二居”影响甚大。广西近现代几位著名画家均出其门下，已是众所公认。

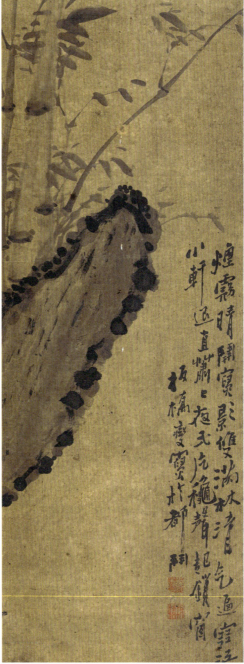

捌
月

2013年
癸巳年【蛇】

星期四	1	
星期五	2	
星期六	3	
星期日	4	
星期一	5	
星期二	6	
星期三	7	
星期四	8	
星期五	9	
星期六	10	
星期日	11	
星期一	12	
星期二	13	
星期三	14	
星期四	15	
星期五	16	
星期六	17	
星期日	18	
星期一	19	
星期二	20	
星期三	21	
星期四	22	
星期五	23	
星期六	24	
星期日	25	
星期一	26	
星期二	27	
星期三	28	
星期四	29	
星期五	30	
星期六	31	

郑板桥　　30 cm × 85 cm　　纸本水墨

郑板桥（1693年－1765年）清代著名画家，字克柔，号板桥，小名麻丫头，康熙秀才，雍正十年举人，乾隆元年（1736年）进士。官山东潍县、潍县知县，以书画名世。工诗词，善书法，擅兰竹。为扬州八怪之一。先后居扬州、仪真、杭州、真州等地，以卖画为生。其画多取材于竹石，并以隶、楷、行三体相参，自成"六分半书"。有《郑板桥集》。擅画兰竹，其画兰竹石，以竹为最多，兰次之，石又次之。其画兰竹，气韵生动，天趣横溢，是清代比较有代表性的文人画家。

玖月

2013年
癸巳年【蛇】

星期日	1	
星期一	2	
星期二	3	
星期三	4	
星期四	5	
星期五	6	
星期六	7	
星期日	8	白露
星期一	9	
星期二	10	
星期三	11	
星期四	12	
星期五	13	
星期六	14	
星期日	15	
星期一	16	
星期二	17	
星期三	18	
星期四	19	中秋节
星期五	20	
星期六	21	
星期日	22	
星期一	23	秋分
星期二	24	
星期三	25	
星期四	26	
星期五	27	
星期六	28	
星期日	29	
星期一	30	

任伯年（1840年—1896年），初名润，字次远，别号小楼，后改名颐，字伯年，别署山经道人行者、寿道士等。浙江山阴航坞山（今杭州市萧山区）人。任伯年是我国近代杰出画家，在"四任"（任熊、任薰、任颐、任预）中成就最高。任伯年的绘画初师陈老莲、民间艺术，继承陈洪绶、陈洪绶诸家笔墨，发扬了西画的速写、设色诸法，形成自己丰姿多采、兼工带写的独特画风，丰富了中国画的内涵。

任伯年　45 cm × 165 cm　纸本设色

拾月

2013年
癸巳年【蛇】

星期二	1	国庆节
星期三	2	
星期四	3	
星期五	4	
星期六	5	
星期日	6	
星期一	7	
星期二	8	寒露
星期三	9	
星期四	10	
星期五	11	
星期六	12	
星期日	13	重阳节
星期一	14	
星期二	15	
星期三	16	
星期四	17	
星期五	18	
星期六	19	
星期日	20	
星期一	21	
星期二	22	
星期三	23	霜降
星期四	24	
星期五	25	
星期六	26	
星期日	27	
星期一	28	
星期二	29	
星期三	30	
星期四	31	

倪瓒（1301—1374年）初名珽，字泰宇，英字元镇，号云林子，或云林散人，别署荆蛮民、净名居士、朱阳馆主等，自称懒瓒散人，倪迂因懒瓒。亦号东海瓒、无住庵主等。江苏无锡人。家境富裕，博学好古，家雄于财，四方名士日至其门。元顺帝至正初忽散其家产给亲故，不事富贵，浪游五湖三泖间，人称倪高士。诗、书、画俱精，擅画山水、墨竹，山水师荆浩、关仝、董源诸家，而自成一家。与黄公望、吴镇、王蒙合称"元四家"。

倪瓒　30 cm × 105 cm　纸本水墨

拾壹月

2013年
癸巳年【蛇】

星期五	1	廿八
	2	廿九
星期日	3	三十
	4	十月
	5	初二
	6	初三
	7	初四
	8	初五
	9	初六
星期日	10	初七
	11	初八
	12	初九
	13	初十
	14	十一
	15	十二
	16	十三
星期日	17	十四
	18	十五
	19	十六
	20	十七
	21	十八
	22	十九
	23	二十
星期日	24	廿一
	25	廿二
	26	廿三
	27	廿四
	28	廿五
	29	廿六
	30	廿七

王时敏（1592年—1680年）：初名赞虞，字逊之，号烟客、西庐老人等。明末清初画家，"清初六家"之一，属虞山派。王鉴、王翚、王原祁并称"四王"，加吴历、恽寿平合称"清初六家"。擅画山水，以元四家为宗，兼师法董其昌。其作品多摹古之作。王翚、王原祁均出其门下，王时敏为"娄东派"首领。其孙王原祁是"娄东派"的奠基者。王鉴、王时敏、王翚、王原祁并称"四王"。

王时敏　　45 cm × 180 cm　　纸本设色

广西中华文化促进会

马家桐　　45 cm × 88 cm　　绢本设色

马家桐（1865年—1937年）：天津人，字景韩，又作景含、景一等。画花卉，师承林卓人、姚惜抱诸人，笔墨精工致。四岁时，楷书王羲之《十三行》。30岁时，工篆隶兼写意。工山水花卉，兼山水、人物、界画。工篆刻，取法秦汉，兼取浙派。年20后专工花卉，旁涉山水人物。书法师平生大家，晚年尤工魏碑，兼能行草。精鉴别，收藏宋元明清书画甚富。其作品气韵清逸，笔法工致，深得传统画法精髓，被誉为"津门画家四家"。

拾贰月

2013年　癸巳年【蛇】

						星期六								星期六
1	2	3	4	5	6	7	8	9	10	11	12	13	14	15	16
17	18	19	20	21	22	23	24	25	26	27	28	29	30	31

广西中华文化促进会

六、建言献策

在广西中华文化促进会的会员中，有许多是功底深厚的作家、艺术家和从事文化工作多年的离退休高龄长者，他们有丰厚的阅历和经验，熟悉有关业务与广西区情，经常深入思考，发表真知灼见，提出许多有分量的建议。十年来陆续入会的新一代，朝气蓬勃，对新鲜事物敏感，不断提出新见解、新主张。在国家和民族实现伟大复兴中国梦的感召和鼓舞下，新老成员，无不关心、思考大局大事，尤其关心广西的文化建设和发展。十年来他们寻源问典，深入调研，先后提出的几十条建议或倡议，每一条都凝聚了广大会员的心血，体现了他们的主人翁意识和文化担当精神。

提出的主要建议如下：

（一）关于采用广西民族礼仪迎送"中国—东盟博览会"嘉宾的建议

2004年3月，在广西筹办首届中国—东盟博览会的热潮中，中华民族文化促进会广西代表机构向博览会主管部门提出采用广西民族礼仪迎送博览会嘉宾的建议。建议当即得到采纳，此后逐步规范，现已固定下来，形成传统。

（二）关于开展中华民族节庆文化活动的建议

2004年6月30日，中华民族文化促进会广西代表机构提出建议，要重视对广西各民族传统节庆文化的挖掘、研究、整理、规范，倡导开展健康的群众性节庆文化活动。认为每年国家的、民族的、地方的、宗教的，包括从国外传进来的以及各个单位、家族和个人的各类大小庆典活动不断，与城乡家家户户男女老少密切相关，是群众欢聚的节日，生活中的大事。节日凝结着中华民族的精神和情感，承载着中华民族的文化血脉和思想精华，是维系国家统一、民族团结、社会和谐的重要精神纽带。积极倡导文明、和谐、喜庆、节俭的节日理念，让每个节庆活动都有充实健康有益的文化内涵，体现民族特色，对于提高群众的生活品位，教育下一代，推动社会进步，提升民族形象具有潜移默化的积极意义，是最现实的优秀文化弘扬。还提出了在《广西日报》以"弘扬健康向上的节庆文化"为题开办《中华节庆文化大家谈》栏目的具体倡议。2005年12月27日《广西日报》"花山"副刊版刊登了周民震《春节的传统文化与现代元素》、廖明君《春节，让我们拥有一种文化身份》等文章。

（三）关于筹办常设的广西大型历史地理文化综合展的建议

2004年8月8日，中华民族文化促进会广西代表机构建议自治区筹办常设的广西历史、地理、文化大型综合展。认为大自然积亿万年之功造就了广西的秀丽山川和丰富物产；勤劳勇敢的广西各族人民，辛勤奋斗数千载，开发八桂，装点江山，创造了多彩文明；解放以后，特别是改革开放以来，广西地覆天翻，成就斐然。如今，4800万广西各族人民正满怀信心奔向全面小康，力创21世纪现代文明。"知之深方能爱之切"，认识广西是热爱广西、爱我中华的基础，举办广西历史、地理、文化大型综合展，是弥补广西展览文化一大空缺的重要工程，是激励各族人民群众自信、自强，教育下一代奋发向上的大课堂，也是接待各方宾客，开展对外宣传的大展台和窗口。建议充分利用最新展览技术，声光色聚效。建议设在南宁市民主路的自治区展览馆不宜再做家具商场，应适当修饰，将自治区博物馆迁移至此，筹办扩展成广西历史、地理、文化大型综合展览馆，位置适中，耗资较少。同时建议将自治区博物馆改为美术馆。

（四）关于挖掘、开发舜帝文化的建议

2005年8月28日、2006年1月12日，广西中华民族文化促进会向自治区政府和梧州市政府提交报告，建议深入研究、开发"舜帝文化"。认为虞舜（公元前2180年前后）是五千年来中国历史中唯一一位到过广西并有活动记载的帝王。《史记》高度评价

舜帝有统一、开发岭南的伟大功绩，而且是中华民族道德文明之始祖，称"天下明德，皆自虞帝始"。如今在梧州，不仅有虞帝庙、锦鸡岩等遗址，还有杜甫、苏东坡咏颂舜帝的诗篇。此外，在桂林亦有舜帝庙、舜庙碑、虞山、皇潭等遗迹。这是广西极为珍贵的历史人文圣迹。广西通志馆老馆长、人文历史专家、广西中华文化促进会副主席冼光位同志亲自调研并组织专家对有关舜帝的大量文献进行深入系统地查索、研究，坚定地认为：舜帝以其创始中华文明、不辞辛劳足迹边疆、深入群众造福百姓，被誉为清明德政的始祖，被尊为中华民族最有威望的五帝之一，且有足够论据证明舜帝确曾到过广西、死于苍梧、葬在苍梧。认为纪念舜帝意义重大，是尊重历史，加强精神文明建设、教育子孙后代、团结海内外华人、弘扬中华民族文化、提高民族国际威望的基础性工程，也是发展广西旅游、促进经济发展的有力举措。为此广西中华文化促进会提出，视"舜帝文化"为广西极为珍贵、独特的精神和文化资源，在多年研究的基础上，组织力量进行更加深入、系统的研究，将开发和传承"舜帝文化"资源，列为一项重大文化工程进行规划。

（五）为"十一五"文化广西建设献计献策

2005年10月6日、11月16日，广西中华文化促进会两次组织专家、学者，对自治区党委提出的广西"十一五"规划建议稿进行讨论并提出建议，尤其是对文化建设部分进行了认真而热烈的座谈讨论。座谈会认为"建议稿"高度重视文化建设，深受鼓舞，对加强文化设施建设、支持文艺创作、办好"三月三"、发挥本地人才作用、培养新生力量、贯彻"双百方针"等提出了一系列建议，并正式提交了建议报告。

（六）关于把南宁市南湖公园建成美术公园的建议

2005年12月21日，广西中华文化促进会向南宁市人民政府提出建议，把南湖公园建成美术公园，并几次组织专家、学者对南湖公园的发展进行现场调研，认为南湖公园基础条件好，特别是广西艺术学院坐落在湖畔，具有进一步开发的大空间，建议在南湖公园内建设露天美术长廊，突出文化艺术特色，成为专业和群众性美术、摄影作品常设的露天展览设施；还建议利用苗圃场地条件，改建成美术展厅和茶室，作为美术精品展和美术爱好者活动的场地；公园的几处重要路段设立艺术雕塑展台，举办专业或群众性的绘画、书法、摄影、雕塑展和创作比赛，开展主题文化活动等。把南湖公园改建成为广大市民提供文化艺术享受，为广大艺术爱好者及青少年提供艺术交流、提高艺术素养、繁荣艺术创作的沃土，使之成为南宁市别具一格的旅游新景点，亦将有助于提高公园的文化品位和声誉，成为全国乃至东南亚城市艺术公园的经典。

（七）关于每年举行征集、评选和书赠春联活动的倡议

2005年底，为丰富春节文化生活，弘扬中华民族传统文化，广西中华文化促进会倡议在全广西城乡举办大型春联活动，包括春联创作大赛、新春联展览、书法家给市民书赠春联以及送春联下乡等。该项建议得到自治区党委宣传部、自治区精神文明办的高度重视与支持，广西中华文化促进会与自治区文联、广西老年书画研究会、广西书法家协会、广西科技书画院、广西楹联协会、广西日报社联手，首届书赠春联活动于2006年1月22日由老书法家帅立志开笔，数十位书法家现场书写春联，受到广大群众的热烈欢迎。自此，春联活动连年坚持了下来，2009年起正式纳入由自治区党委宣传部主持的"文化惠民"工程，如今，书写张挂春联已经成为广西城乡各地广大群众欢度春节的重要内容，一年比一年红火。

（八）关于宣传国旗法和开展升挂国旗活动的建议

2006年8月1日，为提升全社会的国旗意识，推动广大城乡依法普遍升挂国旗，广西中华文化促进会提出了在全广西实施"国旗工程"的建议。认为组织开展宣传、贯彻国旗法活动，增强国旗意识，是提高民族自豪感、促进民族团结、振奋民族精神、激励爱国主义情操的教育活动。建议依法在全广西普遍开展升挂国旗的活动，聘请国旗专家及天安门国旗班战士举办国旗知识讲座，举行升旗规范动作演示，培训升旗手，还建议编辑出版国旗法读物，摄制电视片《五星红旗》；建议设立常设的国旗知识宣传阵地，开办"国旗馆"，开展创作"五星红旗"歌曲和音乐的征集活动，出版《国旗歌曲》音碟，编排一台大型音乐会——《国旗颂》。自治区精神文明委于2006年9月11日正式复函我会，充分肯定这是一个好动议，并交付我会任务，编写国旗法宣传手册，拍摄《五星红旗》纪录电影。根据要求，2007年广西中华文化促进会组织有关人员进行宣传册和电影制片的策划和资料收集，并赴京拜访国旗专家，走访"国旗博物馆"等有关单位，受到所到各单位和专家的重视与支持。2010年9月21日，在北京人民大会堂隆重举行了文献纪录电影《五星红旗》和同名图书的首映首发式，全国人大常委会副委员长周铁农出席并致辞。

（九）关于发展柳州汽车文化的建议

2006年12月，广西中华文化促进会向柳州市政府提交了《关于发展柳州汽车文化的建议》。建议书称，历经多年艰苦创业，柳州市如今已经成为广西乃至我国南方举足轻重的汽车工业基地，同时拥有本地及"一汽""二汽""上汽""通用"等各大汽车集

团所属企业，以及工程机械、材料、配件制造等各环节产业，是柳州经济的特中之特，优中之优，宝中之宝，为全国少有。认为全面发展与汽车相关的教育、科技、文学、艺术、体育、旅游、会展、商贸等各类文化，具有优越条件和重大意义。为此建议柳州市把发展汽车文化作为推进柳州市经济、社会持续、快速发展，全面建设小康，建设和谐社会的重点工程，构成柳州文化的基本特色。并提出一系列具体建议，打造具有汽车文化特色的柳州经济和具有柳州特色的汽车文化，使柳州市的经济、文化在全广西乃至全国独树一帜。

（十）关于组织名言、格言、警句、座右铭书法展的倡议

2007年，广西中华文化促进会提出了举办"名言、格言、警句、座右铭书法展"的倡议。广西中华文化促进会支持各项普及书法的活动，提倡开展有主题有内容的书法活动，为此组织专家、学者在古今中外广泛流传且为社会公认的大量名言名句中，初步遴选了400句段，拟请知名书法家分别书写，举办大型巡回展览。该项倡议得到中华文化促进会及许多专家的赞许与支持，在作品大展的基础上，倡议将最具代表意义的书法作品，在条件好的公园或旅游景点，请雕刻高手制成现代石刻碑林，供广大观众欣赏、临摹，永留于世。

（十一）关于筹办中国—东盟文化高峰论坛的建议

2008年1月18日，广西中华文化促进会与广西社会科学院共同提出举办"中国—东盟文化高峰论坛"的建议。2007年初，中华文化促进会高占祥主席考察广西期间，广西中华文化促进会李振潜主席陪同会见时任自治区党委书记刘奇葆同志时，谈到有必要加强与东盟国家开展高层文化交流。认为自2004年首届"中国—东盟博览会"在南宁启动后，中国—东盟国家领导人年年来广西会面，经贸发展很快，各项文化交流也日趋活跃，但高层文化名人来往尚少，邀请中国和东盟各国社会各界的文化名人、文化官员、专家学者进行高层次的思想文化交流，举办中国—东盟文化高峰论坛，既可以促进中国与东盟的文化交流，又有助于增强各国之间的经贸合作，有利于巩固中国—东盟战略伙伴关系，推进和谐世界建设，符合党的十七大报告所提出的弘扬中华文化，加强对外文化交流，吸收各国优秀文明成果，增强中华文化国际影响力的战略性部署。2008年初，广西文促会与广西社科院联名正式提交举办中国—东盟文化高峰论坛的建议书及方案。

（十二）关于确定"三月三"为广西法定节日的建议

广西中华文化促进会自成立以来，多次举行座谈会，依据广大群众的意愿，几次向自治区人民政府提出建议，并在2008年1月29日举行的年会上，全体会员一致通过了倡议书，建议把农历三月三确定为广西壮族自治区的法定民族节日，全区放假两天，给"三月三"以法律定位。认为在广西世居的壮族及瑶族、侗族、水族、苗族、仫佬族、毛南族、汉族等各兄弟民族都有过"三月三"的传统习俗，延绵千载不衰，是广西民族文化的主要象征，是中华民族文化宝库中植根于民、别具特色的瑰宝，是广西壮族自治区闻名中外的文化品牌。继承和发扬"三月三"歌节优秀的民间习俗，是广西各民族的意愿，是广大群众文化生活的需要，是保护民族优秀传统非物质文化遗产的重要举措，对于促进民族团结，促进广西文化大发展、大繁荣，进一步扩大对外交往，建设富裕、文明、和谐新广西，全面实现小康目标，具有十分重要的作用和意义。建议节庆活动一要充分体现"三月三"歌圩的群众性，全区各市、县、乡镇、村屯、城区、街道、机关、学校等各基层单位及社会组织广泛开展以歌咏为主的群众性"歌海"文化联欢活动，同时以各民族的善良好客和民歌艺术魅力，展示八桂城乡新面貌，欢迎海内外各民族宾客及旅游者，尤其是各国各民族人士"串乡走寨"光临联欢，彰显广西各民族风采及宽阔的文化包容，在1993—1998年连续举行6年广西国际民歌节的经验基础上，把每年的三月三办成国际性的民歌狂欢节；二要组织、动员广大文艺工作者深入各地参与和指导歌圩活动，提高广大群众及专业工作者的歌咏、文艺创作水平；三要在节庆活动期间举行区内外、国内外民歌手、歌咏、创作等各类联欢性的大赛，使广西真正成为"天下民歌眷恋的地方"，成为公认的"歌海"。

（十三）关于开展《古今广西画卷》美术创作的倡议

2008年6月6日，广西中华文化促进会倡议开展"古今广西画卷"美术创作活动，与广西书画院联合发出了"古今广西画卷"美术活动倡议书。认为历经沧桑的八桂大地拥有独特的自然风光和人文历史，如今，日新月异的广大城乡，到处呈现动人、感人、醉人的画面，卓有成效地延续着的灿烂文明，无时无刻不在激发在红土地上成长的艺术家们的灵感。在国家和自治区文化发展战略的指引下，受国家重大历史题材美术创作工程的启发，提出开展广西古今画卷的美术创作活动，旨在鼓励艺术家们用他们真挚的爱心和神奇的画笔，把广西悠久的历史、秀美的山川、智慧的民族、辉煌的业绩，深刻而生动地艺术再现出来，并传给后人。建议活动坚持"百花齐放、百家争鸣"方针，不受画种、画派限制，作品以巨幅为主，采取艺术家协商规划、自主选题、自主创作，政府支持，社会赞助的方式实施，作品展出后进入市场，精品送国家收藏。

（十四）开展"中华文化发展方略大讨论"

2009年8月至12月期间，按照中华文化促进会的部署，广西中华文化促进会组织南宁、北海、柳州、桂林的部分会员举行座谈，开展了中华文化发展方略大讨论，学习胡锦涛总书记在党的十七大的报告以及许嘉璐名誉主席、高占祥主席在中华文化促进会三代会上的讲话，深入理解文化大发展、大繁荣，建设和谐文化、培育文明风尚，弘扬中华文化、建设中华民族共有精神家园，实现中华民族伟大复兴历史重任的内涵，以分析当前中华文化的发展态势，文促会的定位、责任和工作方向为议题，围绕促进中华文化大发展、大繁荣献计献策展开讨论。

（十五）关于充分发挥广西民族艺术宫文化艺术功能的建议

广西文促会自2005年成立以来，一直非常关注位于首府南宁市中心民族广场的广西民族艺术宫。作为自治区成立40周年的纪念性建筑，民族艺术宫自1998年建成投入使用以来，没有体现兴建的初衷，除五楼音乐厅以外，其他已经成为百货商场，对此，广西各族人民难以接受，外来客人无法理解。为使民族艺术宫的特定功能得到充分发挥，和毗邻的广西人民会堂、广西博物馆、广西科技馆、广西图书馆一起，成为我区首府文化中心的主体建筑群，成为广西各民族的文化艺术殿堂和窗口，为繁荣广西文化艺术、活跃群众文化生活发挥重要作用。为此，广西文促会曾几次向自治区领导及主管部门提出，建议尽快恢复广西民族艺术宫的文化艺术功能，划归文化部门或所属单位使用和管理，停止百货商场业务。该项建议得到了自治区人大代表和政协委员的赞同和支持，正式向"两会"提交了议案或提案，并得到了回复。

（十六）关于开展广西广场健身舞大赛的倡议

2009年12月，受广大城乡群众自发兴起的广场文化活动热潮的激励，广西中华文化促进会向自治区文化厅建议举办全广西广场健身舞大赛，给群众性的广场健身舞活动以支持和引导，更多地满足广大群众的文化需求，更好地展示广西各族人民积极向上、健康活泼、开拓进取的时代精神，养成文明的生活方式，提高群众的文化素质和艺术水平。该项建议立即得到文化厅的重视与支持，责成广西群众艺术馆与广西中华文化促进会合作，自2009年起开展全广西广场健身舞大赛活动。活动得到广西百益集团和超大运输公司的热情赞助，先后冠名"百益杯""超大运输杯"。大赛受到广大爱好者的欢迎，各市县广大爱好者争先恐后积极报名，成为广西城乡各地广场舞爱好者展示才艺和交流切磋的平台。2014年11月第六届大赛期间，广西中华文化促进会与自治区文化厅联名发布了文明广场舞倡议书，对开展广场舞活动场地的选择、开展广场舞活动的时间，以及配用扬声器的音量控制等，提出了具体要求。

（十七）关于弘扬中华楹联文化的倡议

2011年10月11日，广西中华文化促进会与广西楹联学会联合提出"弘扬中华楹联文化"的倡议，这项倡议是在广西中华文化促进会与南宁市园林管理局联合主办、南宁金花茶公园和广西楹联学会共同承办的金茶花公园新制风景楹联展示现场会上提出的。倡议书提到，楹联是中华文学艺术中集词作、书法、雕刻为一体，传承千载、雅俗共赏的艺术珍宝，也是中华传统建筑的艺术特点之一，是源远流长、博大精深的中华传统文化的重要组成部分。建议在广西大小公园及各类公共场所的建筑物上，在各类楼堂馆所、院落门庭、屋室厅堂，张挂内涵深邃、词句优雅、雕刻精美的楹联及相应匾额，并形成风气。

（十八）关于实施《桂林国际旅游胜地建设发展规划纲要》的建议

国务院批准国家发展改革委《关于桂林国际旅游胜地建设发展规划纲要的批复》

后，以"弘扬中华文化，促进国际交流"为宗旨的广西中华文化促进会深受鼓舞，认为桂林又一个姹紫嫣红的春天即将到来，经认真调研讨论，2013年6月29日向桂林市人民政府领导提出了关于实施《桂林国际旅游胜地建设发展规划纲要》的建议。

1.关于桂林历史文化的挖掘与弘扬

冠有"国家历史文化名城"美誉的桂林，历史文化资源极为丰富，有史前人类文化、古代军事水利文化、摩崖石刻、明代藩王文化，更有名垂千古的抗战文化，红军、八路军革命文化，还有历代许多著名文人留下的大量诗篇佳作为桂林山水增光添彩。许多遗址、诗作、人物、故事，经桂林人历代珍惜、整理和开发，已成为桂林旅游文化的品牌珍品，闪亮夺目。为进一步突出桂林历史文化珍贵的现实意义，提出以下建议：

（1）关于"尧舜文化"。

"尧天舜日"是古今无争的高尚社会境界。桂林尧山，据传是秦始皇令史禄开凿灵渠统一岭南后，自比唐尧下令在桂林建尧帝庙，所在山为"尧山"。又传虞舜帝南巡曾到桂林，秦人最先立碑纪念，后人陆续建有舜帝庙、双妃冢，并把鱼山改为虞山，山下岩洞称舜洞，也叫韶音洞，延续至今有两千多年。据传，全州李家山也曾建有二妃庙，1945年被日本烧毁，再没修复。历史传说代表着文化传承和人心所向，桂林延续两千多年的敬仰传统，足以体现桂林人民的品位和高尚追求。"六亿神州尽舜尧"是毛主席用以表达革命目标的浪漫诗句，也是历代百姓的真心期盼。建议加强桂林尧舜文化的研发力度，景点建设应充分体现尧舜文化内涵，强化尧舜文化的传扬，不仅能丰富旅游产品，增强桂林文化之丰厚感，更有助于提升桂林人的文化素养。

（2）关于"爱莲文化"。

位于漓江上游护龙河畔的灵川县九屋镇江头洲村，近年来先后被评为"中国最具旅游价值古村落""全国重点文物保护单位""国家非物质文化遗产"等，而该村最为珍贵之处在于其传承数百年的"爱莲文化"和早已闻名遐迩的"清官村"美名，这在全国各地知名古建筑群中甚为罕见。建议高度重视江头洲村"爱莲文化"的历史和现实意义，让《爱莲说》的原作、本源、精神和几百年的传承实践广为人知。据了解，灵川县和桂林市已经将这里作为廉政文化教育基地，建议申报作为全区、全国的干部廉政教育基地，提升为世界闻名、为全民族人人敬仰、清正廉洁的"爱莲圣地"，并进行认真的规划和修整，防止只作为一般古建筑旅游景点的低水准商业开发。

（3）关于"抗战文化"。

抗日战争期间，随着长沙、广州、武汉、香港等城市的先后沦陷，以及政治、文化中心的转移，桂林（当时的广西省会）这座边陲古域迅即成为华南、东南和西南的中心。得益于八路军桂林办事处的成立以及党的统一战线政策，周恩来同志曾3次到桂林做桂系上层工作，也得益于李宗仁、白崇禧等桂系人物积极抗战、民族自救和一定程度上的"容共"，从1938年10月始，桂林成为全国性抗日文化中心。据统计云集桂林的文化人士达千余人，其中文化名人郭沫若、茅盾、巴金、柳亚子、何香凝、田汉、夏衍、欧阳予倩、李四光、徐悲鸿等200多位，新闻出版、文学、戏剧、音乐、美术等领域均得到蓬勃发展。当时在桂林的专业文艺团队有40多个，业余剧团50多个（1942年以后，每月平均上演5个新剧目），各类杂志200多种，文学期刊36种，文艺期刊52种，报纸21种，新闻机构10多个，各种出版社及书店179家，大小印刷厂109家，出版文艺著作1000多种，丛书50余套，其成果和数量都超过当时国民党统治区的重庆。在帝国主义侵略和民族危亡的关头，从1938年到1944年历时6年发生在广西桂林的"文化抗战"史实是中华民族伟大精神熔炼、升华的集中体现，是中华民族现代文化历史上极为珍贵和光辉的一页！为此，建议桂林市及各县高度珍惜遗址文物，采取多种手段与方式展示文化抗战的史实与精神，并支持创作表现文化抗战的英雄、业绩，传扬抗战文化精神的文学、影视等文艺作品。

2.关于山水甲天下的桂林的文化地位与作用

南宋人王正功题写"桂林山水甲天下"，国务院确定桂林是"国家重点风景游览城市"，又称为"世界著名的风景游览城市"，"历史文化名城"，表明桂林早已闻名海内外。虽然"山水""风景"为自然所赋，但桂林并非渺无人烟的自然奇景，这里人与自然早已结为一体，互为增色，举世无双的自然风光早已得到深度开发，与历代文学、艺术家紧密结缘。历代到桂林任官任职的、流放途中或专程到桂林旅游观光的，甚至从未到过而向往、颂扬桂林的名人众多，如颜延之、张九龄、杜甫、柳宗元、李渤、李商隐、黄庭坚、范成大、徐霞客、袁枚等都有吟咏桂林的名篇佳作。桂林还哺育了大批艺术家，古有石涛，近有徐悲鸿、帅楚坚、阳太阳，当今更多画童在茁壮成长。为此建议，在继续推进常规观光旅游的基础上，着力发展美术、雕塑以及文学、戏剧、影视、音乐等文化艺术，制定最优政策，采取多种措施办法，吸引国内外文化艺术家时常云集桂林，使桂林成为文化艺术家，尤其是青年人最向往的文化艺术殿堂，成为新一代文化艺术大师的摇篮，成为当代文化艺术之都。建议确立把桂林建成国内外知名"文化艺术城"为奋斗目标，大力创办多项具有全国和国际影响的文化艺术活动。桂林不仅山水甲天下，而且人才辈出、极品佳作众多无双。

（十九）关于迎接抗战胜利70周年，纪念桂林文化抗战活动的建议

2013年7月，为迎接纪念抗战胜利70周年，广西中华文化促进会邀请全国文促会副主席王石、金坚范等同志前往桂林，与广西壮族自治区、桂林市有关部门、专家学者及广西中华文化促进会负责同志，就迎接抗日战争胜利70周年，筹备纪念桂林"文化抗战"活动举行了座谈，与会同志认为，抗战胜利70周年是一个弘扬中华民族的伟大精神，珍视二战胜利成果的重要宣传契机，一致认为应把历时6年的桂林"文化抗战"作为纪念活动的主题，浓墨重彩加以彰显，并提出了关于迎接抗战胜利70周年，纪念桂林"文化抗战"活动的建议：

1.制作一部以桂林文化抗战为基本内容的电视文献片《丰碑》，以抗日战争中党的统一战线工作与桂系抗战为背景，以著名文化人物、文化事件、文化活动为线索，采取人物扮演、情景再现与史料、实物、叙述相结合的方式，通过人物群像，缅怀文化前辈的高尚情操和不朽业绩。

2.在已有大量文物收藏的基础上，借拍摄电视文献片之机，进一步在海内外征集桂林文化抗战史实和文字、图片、实物等，在桂林筹建一座大型"桂林文化抗战纪念馆"，使之成为中华民族伟大精神的见证，成为全民族的爱国主义教育基地。

3.在桂林市内树立一座大型的"桂林文化抗战纪念碑"，并在当年文化斗士原住地、重要活动场地等有纪念意义的遗址，安放抗战文化名人铜像、纪念牌匾等。

4.建议在2015年9月纪念抗战胜利70周年时，在桂林隆重举行纪念活动，以电视文献片《丰碑》的首映及在中央电视台首播作为中心事件，邀集片中人物及亲属到桂

纪念桂林文化抗战活动座谈会

林参加首映活动和"桂林文化抗战纪念碑"（包括多项纪念标志）揭幕仪式，以及"桂林文化抗战纪念馆"揭幕或奠基仪式，并举行文化抗战高峰论坛，以形成纪念抗战胜利70周年活动的亮点之一。大家认为，当今在日本右翼活动日益猖獗，国际关系复杂的新形势下，认真举办桂林"文化抗战"纪念活动，具有特殊重要意义。

（二十）关于南宁市青秀山旅游风景区的文化建设与开发

被誉为"绿城翡翠"的南宁市青秀山风景名胜旅游区，是南宁市的绿肺、氧吧，是大自然的恩赐，是祖先的文化遗产。近年来生态文明建设成绩显著，已经成为广大市民和游客流连忘返的观光、休闲圣地，誉满区内外。青秀山历史悠久，自古是人们旅游、休闲、吟诗、作画、养生、祈福之地，不少文人雅士留下了自己的诗文和足迹。东晋时代已有道人在此修行炼丹，唐代筑有白马寺、万寿禅寺等古迹，还有状元泉等美丽传说，明代嘉靖年间刑部主事董传策的《青山泉诗》《响泉歌》等流传至今。青秀山景区文化建设，是一个社会各界普遍关心，各级党委、政府十分重视的大课题。广西中华文化促进会非常重视青秀山的文化建设，自2010年起与景区管委会的同志几次实地踏勘和多次研究探讨，得到了南宁市领导的重视与支持。2012年4月中华文化促进会王石、于广华副主席等到景区视察指导，2012年11月27日广西中华文化促进会与景区管委会联合召开了"促进生态文明，构建文化青山"景区文化建设研讨会，并编辑印刷了《座谈会进言汇编》。专家们对景区文化建设的观念、内容、步骤，以及硬件建设和软件活动开发等提出了一系列的建议。大家认为，景区在高水平生态林基础上，一定可以培育出繁茂的文化之林。专家们对核心景区、北坡生态保护区、森林植物乐园区的设施建设、文化功能布局以及各亭台楼阁楹联的创作都提出了见解与建议。大家主张，要坚持各类景观建筑与自然环境相协调，要坚持保护与开发并重，要视新设施的建设就是创造新的历史文物，必须有民族、地方、国家和时代特色，应有长久保留的价值。文化建设要硬软结合，静动并举，要适应四季时节开展各种类型、不同规模文化活动的需要。强调设计与建设要以人为本，处处替游人着想，主张公园不仅是游人享乐、休闲、消费的场所，也是感化、育人的课堂，倡导工作人员与游人共建和维护设施与环境，共创优良风气、培养文明行为，共建温馨的精神家园。

2014年10月，广西中华文化促进会与南宁青秀山风景名胜旅游区管委会签订了战略合作协议书，联手开展了对青山古道的历史文化意义与保护、建设、开发研究，开展了青秀山各景点楹联的校正、创作，在铜鼓台、大草坪等场地组织开展如三月三、中秋、国庆等活动。

文化青山研讨会

王石、于广华在青秀山考察

介绍青秀山规划

苏铁园合影

在青秀山管委会前合影

（二十一）考察北流市民乐镇萝村的历史文化

北流萝村

2013年10月24日，朱焱、陈晓玲副主席带领专家组到拥有"历史文化名村"美誉的北流市民乐镇萝村调研。认为萝村虽然历经风雨，但从古至今人才辈出、人文丰厚，文化古迹保存完好，当今又治理有方，建议加强宣传，广泛传播。

（二十二）为岑溪市旅游文化开发献策

2014年6月11日，应岑溪市政府邀请，广西中华文化促进会副主席韦壮凡、副秘书长张翔，与广西旅游规划院院长滕建，广西民族旅游研究会、广西民族文化与旅游发展研究会副会长黄继先等组团到岑溪市考察了龙顶山景区、盘古庙、关帝庙、长寿牌坊等文化景点，并出席市政府主持的研讨会，对岑溪文化资源的挖掘、保护、开发利用建言献策。

（二十三）考察靖西三牙山旅游文化资源

2014年7月6日，李振潜、黎兆进、韦生进、马冰青、张翔、黎锦标、凌树明等组团到靖西县近郊三牙山、龙潭、龙邦口岸边关第一村考察旅游文化资源，研讨开发方案，提出建议，认为靖西风光优美、四季常青、民风淳朴，民族文化资源丰厚又地处边境，具有美好的开发前景，对三牙山的旅游开发提出了建议。

三牙山

七、文化交流

（一）参加中华文化促进会组织的全国性活动

1.出席历次中华文化人物评选和颁授典礼。

为向海内外致力坚守与传承中华文化的翘楚表达敬意，推进中华文化的传承与弘扬，促进海内外炎黄子孙民族精神的凝聚，自2009年起，中华文化促进会每年举行"中华文化人物"评授活动，并且在每年的"中华文化人物"颁授典礼上，设置一个特别环节——缅怀本年度陨落的华语文化大家。

评授活动由中华文化促进会、凤凰卫视联合主办，轮流在各地举行，并由凤凰卫视全程录制向全球华人播出，影响越来越大，引起海内外广泛关注。

广西中华文化促进会及北海、柳州、桂林、防城港市文促会代表出席历次评授典礼。

2. 2008年3月28日，李振潜出席中华文化促进会在青岛举办的首届节庆中华奖颁奖典礼。

2012年12月中华文化人物颁奖前王石接受广西《金色年华》杂志采访

3. 2008年10月，李振潜赴浙江余杭出席良渚论坛·2008中华文化论坛。

4. 2009年4月9日，潘鸿权、黎兆进、马冰青赴钦州出席第七届中国（国际）CI高峰论坛暨首届北部湾城市品牌战略与企业竞争力研讨会筹备工作会。

5. 2010年6月16日，李振潜出席在西安举行的中华民族七大传统节日（春节、元宵、清明、端午、七夕、中秋、重阳）文化论坛。

6. 2011年，中华文化促进会在重庆举行节庆中华奖颁奖大会，柳州奇石节获"节庆中华奖"。

7.我会代表出席历届宋学研讨会：

·2012年11月19日，马冰青等赴洛阳出席首届宋学及程颢、程颐国际研讨会。

·2013年10月18日，廖铁星赴洛阳出席第二届宋学国际学术研讨会。

·2014年10月29日，林国强、廖铁星赴南阳出席第三届宋学国际学术研讨会。

8.2013年5月14日，廖铁星赴滦南出席《四书五经语录》试读总结大会。

9.2013年5月19日，李振潜、马定强赴宁波出席《徐霞客游记》开篇400周年纪念大会及当代徐霞客颁奖典礼。

10.2013年5月7日，李振潜和朱焱应邀参加了以微笑为主题的"未来影像·亚洲国际青少年影像展映活动暨第五届亚洲国际青少年电影节作品评选活动"的启动仪式。这是由中华文化促进会与韩国青少年研究所、日本东京都映画俱乐部商定联合轮流主办的国际性活动，是一项旨在推动促进亚洲青少年素质教育和国际文化交流的活动。

高占祥、李振潜出席未来影像启动仪式

11.2013年12月10日，李振潜出席在凭祥市举办的2013中国红木古典家具理事会年会。

12. 2015年1月6日，李振潜、马冰青出席在武汉举行的首届长江（湘赣皖鄂）文化论坛。

13. 2015年4月，李振潜出席在深圳举行的全球设计大赛并参访深圳"简，阅书吧"。

出席全球设计赛　　　　　　　　　　　　简、阅书吧

（二）与区外中华文化促进会交流

1. 2004年11月29日—12月2日，李振潜、韦生进、任保胜访问湖北文促会。

2. 2007年10月23日，甘肃文促会主席张炳玉访问我会并举行座谈，参观我会首家"会员之家"——绿野茶社。

3. 2010年6月15日李振潜出席陕西文促会成立大会；16日出席中华民族七大传统节日（春节、元宵、清明、端午、七夕、中秋、重阳）文化论坛。

4. 2011年8月18日，我会代表出席山西文促会成立大会，并访问山西义促会。

5. 2012年，李振潜、金坚范代表全国文促会出席俄罗斯中华文化促进会成立大会，考察莫斯科郊区的中共六大会址并写出了文字汇报材料。

与俄罗斯中华文化促进会成员合影　　　　2012年拍摄莫斯科郊区的中共六大会址

2016年建成的六大会址纪念馆

6. 2013年10月22日，李振潜、林国强访问江西文促会。

7. 2014年11月，林国强访问河南文促会。

访问江西文促会

（三）与台湾文化交流

1. 2005年11月24—29日，应台湾中国文化大学邀请，广西中华文化促进会派出以常务副主席岑汉伟为团长的广西少数民族音乐团赴台，参加由台北市原住民事务委员会主办，台湾中国文化大学承办的"2005·台北市原住民音乐会"，音乐会在台北市大安森林公园举行，广西少数民族音乐团作为唯一非台湾本土的演出获得极大成功，观众欢呼雀跃，掌声雷动。

2. 2006年3月29日—4月2日，应广西中华民族文化促进会的邀请，以台湾著名音乐人高子洋先生为团长的台湾少数民族代表团29人于3月29日到桂林参加2006"我们都是一家人"海峡两岸少数民族"三月三"大联欢。短短五天，两岸同胞同台演出，同船游览，情同手足，亲如一家，台湾朋友带来了取自阿里山和日月潭的土和水，融入了桂林和漓江，在桂林"愚自乐园"的同心广场，共同栽下了同心树。"我们都是一家人"歌声不停。李振潜、袁凤兰等出席活动。

帅立志书：一家亲

共植同心树

我们都是一家人

联欢活动

3. 2006年10月3—15日，应台湾台东县新闻记者公会和台东大学邀请，广西中华文化促进会常务副主席岑汉伟率领广西民族艺术表演参访团赴台进行文化交流。参访团由文化厅、对台办、贺州市文联人员及广西歌舞团、贺州市民族艺术团演职人员组成，共33人。先后参加了台东县庆中秋联欢晚会、全民关怀弱势族群中秋万人联欢晚会、迦南康复之家与智障病人联欢，获得极大成功。唐佩珠、李海兵、鲍朝志、黄春燕优美动听、情真意切的精彩演唱赢得掌声不断，许多观众热泪盈眶，当地人称之为前所未见、闻所未闻的精彩文艺盛宴。

4. 2008年9月26—27日，由中华民族文化促进会、两岸文化艺术联盟联合主办、澳门特别行政区社会文化司赞助的两岸文化交流协商会议在澳门十六铺酒店举行。协商会议回顾了两岸文化交流历程，认为两岸民族同种，文化同源，从未间断。会议气氛亲切、热烈、祥和。广西中华文化促进会代表李振潜出席，并以广西与台湾的文化交流为题做了发言。会议最后，高占祥主席和南方朔先生做了总结性讲话，会议通过了《9·27纪要》。

　　5. 2011年8月，应台东县新闻记者公会和台东市公所邀请，广西中华文化促进会常务副主席朱焱、常务理事鲍朝志与富川县民族艺术团组成参访团参加了台东市玛卡巴哈节，期间，在富岗里巴沙哇力部落聚会所与原住民共庆父亲节，在宝桑国小小学生活动中心表演瑶族风情，鲍朝志一曲《我是中国人》的引吭高歌、一首《乡愁》的激情朗诵，获得全场1000多观众的强烈共鸣和经久不息的掌声。

与台东市少数民话同胞 联欢

台湾少数民族老人

鲍朝志演唱

与台湾少数民族代表合影

访问台东市公所

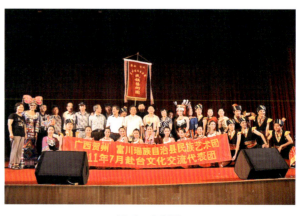

演出后合影

6. 2013年3月22—28日，广西中华文化促进会副主席陈晓玲率广西中青院线赴台出席亚洲儿童艺术节联盟暨儿童剧场联盟会议，与日本、韩国和中国香港、中国台湾组织机构和儿童戏剧教育专家聚会，交流经验。

7. 2013年10月31日，广西文促会组团赴台出席"2013两岸人文对话·中华文化与企业经营"。

陈晓玲（右一）与台湾朋友合影

2003两岸人文对话与会者合影

（四）国际文化交流

1.参加法国卢浮宫卡鲁塞尔美术沙龙展

在法国巴黎卢浮宫卡鲁塞尔展厅每年举办的美术沙龙，是1861年由法国国家美术协会(SNBA)为主创建和主办的，世界美术大师梵·高、塞尚、莫奈、毕加索、马蒂斯等，以及中国老一辈美术家徐悲鸿、潘玉良、常书鸿、吴冠中、吴作人等的作品先后荣展。

自2009年起，广西中华文化促进会会员单位广西蓝天文化艺术发展中心（原广西手拉手文化教育发展有限公司）获授权在华组织作品参加卢浮宫卡鲁塞尔美术沙龙展，并在展览结束后将参展作品送到中国香港、中国台湾及美国展出。2012年9月，在桂林举行的中国选区作品征集评选活动期间，法国国家美协主席米歇尔·金先生与中华文化促进会副主席于广华协商，议定在巴黎举办东西方美术展。

米歇尔·金先生个人画展开幕式

展览现场

参展作品展开幕式

2.主办东西方艺术交流展

2014年1月，为纪念中法建交50周年，广西中华文化促进会副主席朱焱出席并主持在法国巴黎卢浮宫卡鲁塞尔厅举办的东西方国际艺术展，法国前总理拉法兰出席观看展览，并受赠了广西书法家韦克义和油画家黄文诚的作品。

卢浮宫前

东西方艺术展

艺术交流

法国前总理拉法兰参观展览并受赠广西书法家韦克义书法作品

广西油画家黄文诚与法国前总理拉法兰

法国国家美术协会主席米歇尔.金参观展览

2014年10月，由广西中华文化促进会组织的东西方美术年展在巴黎卢浮宫卡鲁塞尔厅举行，其内容包括我国名画家吴学斌"万物生国画巡回展"第十站、中国著名翡翠艺术家王俊懿"20年翡翠艺术国际巡回展"，以及300多件来自中、法、美、加、俄、韩、泰、新加坡等国和我国影视明星书画作品参展，法国当代著名美术家雷米·阿龙、米歇尔·金等出席，我著名评论家陈传席做了"目视""神遇"中西绘画差别的讲座。展览得到我国驻法使馆人员的热情支持。

东西方美术年展颁奖仪式

李振潜、吴学斌出席年展活动　　　　　　展厅一角

2014年12月，李振潜、吴学斌引荐出席我国第十二届全国美展的法国当代美术家雷米·阿龙先生访问中华文化促进会央视美术频道，与频道主任王平会见。

李振潜（右一）、雷米·阿龙（右二）、王平（右三）、吴学斌（右四）

3.联办东南亚京剧爱好者演唱会

2005年11月7—9日，由中国京剧艺术基金会、广西京剧艺术促进会、广西京剧爱好者联谊会与我会在南宁联合举办的南宁—东南亚京剧爱好者国际演唱会，以及2009年10月9日在南宁举办的中国—东盟京剧爱好者演唱会活动，均取得圆满成功。来自新加坡、越南、老挝、中非、泰国、印度、尼泊尔、印尼等国家和中国大陆、香港、台湾的众多京剧爱好者踊跃参加，国家京剧大师刘常瑜、冯志孝光临指导，大家纷纷登台演唱，共同欣赏，气氛亲切热烈。

4.联办中国—东盟礼仪大赛

乘中国—东盟博览会在南宁举办的浩荡东风，2005年，让中国与东南亚迅速实现礼仪文化接轨的中国—东盟礼仪大赛启动。一年一度的大赛在国内许多城市设立分赛区，在新加坡、马来西亚、泰国、越南等多个东盟国家设立国外分赛区。大赛总决赛赛场先后在广西南宁、安徽合肥、辽宁大连等多个城市举行。众多中外选手踊跃参赛，成就了上百个冠、亚、季军以及成千上万的礼仪大使。广西中华文化促进会成立了礼仪文化专业委员会，由著名礼仪专家潘玲担任主任。

大赛为服务国家外交战略和政策、构筑国际文化交流平台作出了积极贡献，受到广泛好评。2014年，第十届全国人大常委会副委员长、中国关心下一代工作委员会主任、中国—东盟协会会长顾秀莲莅临大连，出席第十届中国—东盟礼仪大赛，亲手开启比赛大幕。

启动仪式

顾秀莲（左五）与嘉宾合影

潘玲与选手

礼仪大使们

5.联办第四届国际杨氏太极拳联谊及学术研讨会

2006年4月23—26日，广西中华文化促进会与广西体育局体武中心、广西科协、广西永年太极拳研究院联合在南宁成功举办第四届国际杨氏太极拳联谊及学术研讨会。

永年太极拳研究院院长洪日镜培训学员

6.张效东、滕国雄访美

2006年3月24日，应美国密西西比州图珀洛市乐团的邀请，广西中华文化促进会常务理事、广西交响乐团首席指挥张效东，广西交响乐团总经理滕国雄赴美进行艺术交流，张效东执棒图珀洛市乐团演奏了《中华人民共和国国歌》和《美国国歌》等乐曲，荣获该

张效东访问美国

市"荣誉市民"和"杰出音乐大使"称号及城市钥匙。之后参访了纽约茱莉亚音乐学院和奥兰多市佛罗里达州立大学乐团，指挥演奏中国乐曲，讲授中国音乐。访问获得圆满成功。

7.多次组团出访促进对外文化交流

（1）2009年1月25日，广西中华文化促进会对外文化交流中心中国—东盟青少年手拉手艺术团与新加坡华族文化促进会陈添赐主席联办"携手狮城·成就梦想——中国东盟艺术盛典走进新加坡"文化艺术节，并举办书法展示会。

（2）2009年2月，广西中华文化促进会对外文化交流中心中国—东盟青少年手拉手艺术团和壮乡民族表演艺术团应邀参加"相聚悉尼—2009"大型文艺演出，赢得好评。

（3）2009年2月21日，广西中华文化促进会对外文化交流中心与香港文化艺术团体在香港联合举办第七届国际青少年艺术盛典。

（4）2009年9月15—22日，广西中华文化促进会对外文化交流中心受邀参加印度尼西亚国庆日"华族文化艺术"联谊会活动，组织了来自全国各地的多位书法家、音乐家、舞蹈家出席多项文艺活动，收到当地官方、商界和民间的热烈欢迎。

八、温馨之家

（一）全国大家庭

1. 出席中华文化促进会历次代表大会

（1）2004年11月11日，出席中华民族文化促进会第二次代表大会。

周民震、李振潜、韦壮凡、韦生进等出席中华民族文化促进会第二次代表大会。周民震当选常务理事，李振潜当选理事。

周民震在会场

李振潜在会扬

韦壮凡、韦生进在会扬

　　（2）2009年5月16—17日，出席中华文化促进会第三次全国会员代表大会，李振潜当选副主席，马冰青、帅立国、黄家仁、林观华当选理事

　　（3）2015年5月9日，出席中华文化促进会第四次会员代表大会，文明当选副主席，李振潜受聘为中华文化促进会主席团咨询委员并在大会致辞。卫自光、文明、汤植城、黄家仁、唐贤江、彭巨星当选理事。

中华文化促进会第四次会员代表大会会场

文明在会场

李振潜在大会发言

2.出席中华文化促进会庆典活动

（1）2007年12月28日，李振潜、帅立国、黄贺等出席中华文化促进会成立15周年纪念大会。广西中华文化促进会与天津、澳大利亚中华文化促进会同获弘扬中华文化奖。会议发表了"弘扬中华文化，建设中华民族共有精神家园"倡议书。

中华文促会成立十五周年会场

（2）2012年9月1日，广西及广西四市文促会代表共20人出席中华文化促进会成立20周年庆典。9月1日上午，广西中华文化促进会20名代表出席了在北京五洲大酒店举行的中华文化促进会与媒体见面会。会上发布了"弘扬中华文化六项主张"。高占祥主席以《如何弘扬中华文化》为题发表讲话。

中华文促会成立20周年媒体见面会

出席20周年活动广西代表合影

当日下午，出席在北京人民大会堂金色大厅举行的中华文化促进会成立20周年纪念活动，活动以讲解、演奏、投影等方式回顾了中华文化促进会成立20年的历程。

在北京人民大会堂金色大厅举行的20周年纪念活动

3. 中华文化促进会广西会员名单

（1）团体会员：

广西中华文化促进会

北海市中华文化促进会

柳州市中华文化促进会

桂林市中华文化促进会

防城港市中华文化促进会

（2）个人会员：

周民震	李振潜	潘鸿权	朱　焱	岑汉伟	韦壮凡	韦生进	马冰青	任保胜
侯堉中	马定强	董小民	卢瑞君	唐晓玲	蒙　古	李金钟	林观华	祝锦炎
冼培芳	曾宪瑞	林国强	陈晓玲	于春飞	滕国雄	张　翔	廖铁星	张洪臣
张双成	成端显	陈广森	陈　航	高嬿嬿	兰小丽	黎锦标	于　敏	蔡家雄
杨卫红	黎兆进	马定和	汪俊芳	郑稷康	王孔瑜	陈勇全	黄福盛	凌树明
梁修铸	李子平	吴珂全						

（二）广西大家庭

1.家庭团聚活动

（1）新春团拜

广西中华文化促进会自成立以来，每年元旦和春节期间举行年会暨团拜会已成惯例，几乎所有会员都不愿错过这一年一度难得的大聚会，北海、柳州、桂林、防城港市文促会主席亲自带队出席。大聚会除必须的情况交流、工作商讨，确定一些大事外，最重要的是大家庭的团聚，互相问候和祝福，当然少不了各展风采的即兴表演。每次都要请德高望重的老领导、老专家和各界朋友光临。尤为难得的是，2007年1月，中华文化促进会高占祥主席、于广华副主席、张玉文秘书长光临年会，并发表了热情洋溢的讲话，气氛空前热烈，大家倍感亲切。

高占祥致辞

高占祥与帅立志握手

高占祥为绿野茶业会员之家题字

张忠安向高占祥赠送画作

2007年1月迎新年会合影

迎新年会剪影

2010年迎新年会

迎新年会剪影

2014年迎新年会

丁廷模在年会上放歌

帅立国在年会上发言

民乐表演

2015年迎新年会

冼光位问候韦纯束

周民震在年会上发言

（2）大家庭周年纪念

　　广西中华文化促进会自成立以来，每年7月22日前后，都要举行一次成立周年纪念活动，欢乐相聚，回顾以往，亲切交流，探讨未来。

一周年纪念座谈会

两周年纪念座谈会

三周年纪念活动

潘鸿权致辞

周民震致辞

帅立志在三周年纪念活动上挥毫

六周年纪念活动——举办健康讲座

（3）中秋赏月、重阳敬老

多次在常务副主席蒙古家庭院聚会共度中秋、重阳佳节，老中青少或高谈阔论，或引吭高歌，家味浓浓，其乐融融。

在蒙古家举办的赏月、敬老活动

（4）向长者贺节、祝寿

每逢新春，文促会领导分别到年满80的老会员家登门看望拜年。同时向年满80的长者祝寿。

向我会主席、著名作家周民震先生祝80大寿

向我会副主席、著名篆刻艺术家帅立志先生祝80大寿

（5）举办健康讲座

设在"弘泽堂国医馆"的养生文化"会员之家"挂牌以来，先后举办夏季、冬季养生及疾病防治讲座等活动，会员之家主任、著名中医张沣逞大夫讲授养生保健知识。

（6）学习学习再学习

·2011年6月28日，召开庆祝建党90周年座谈会。

·2011年11月9日，召开学习党的十七届六中全会精神座谈会。

·2012年12月7日，召开学习党的十八大精神座谈会。

·2013年12月24日，召开学习党的十八届三中全会决定座谈会。

·2014年11月，召开学习党的十八届四中全会精神座谈会。

·2014年12月2日，召开学习习近平在文艺工作座谈会上讲话精神座谈会。

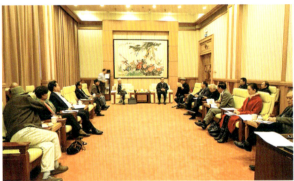

（7）会员之家工作研讨

　　会员之家是广西中华文化促进会创建的会员聚会、交流、展示和联谊的场所，高占祥主席说：会员之家不仅为会员提供服务，还是文化交流和研讨的阵地，这是广西首创，值得在全国推广。为推进会员之家的建设，召开会员之家工作研讨会。

在"绿野茶业"会员之家召开研讨会

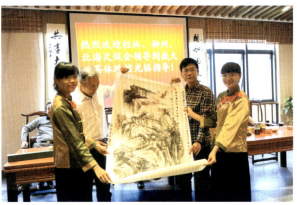

在大益茶体验馆会员之家召开研讨会

2.广西中华文化促进会会员名单

（1）团体会员

北海市中华文化促进会

柳州市中华文化促进会

桂林市中华文化促进会

防城港市中华文化促进会

广西艺术学院设计学院

广西佬美术公社

广西京剧艺术促进会

广西永年太极拳研究院

中国—东盟手拉手艺术团

广西龙狮协会

广西天赐网络科技有限公司

广西中华文化促进会爱乐乐团

广西红绣球青少年艺术团

广西中华文化促进会民乐俱乐部

广西教苑集团公司

将星文化传播有限公司

广西八桂之韵文化传播公司

广西南宁名派景观艺术雕塑有限公司

广西圣贤投资有限公司

（2）个人会员（按姓氏笔画排列）

于　敏	于　璟	于树林	于雅丽	万立仁	卫自光	马　红	马冰青	马红英
马定和	马定强	马跃文	马朝桂	王云高	王　猛	王孔瑜	王予嘉	王正宇
王秀琴	王健伟	王瑛瑛	韦　伟	韦　杰	韦　谱	韦小为	韦小海	韦广明
韦生进	韦仕蕴	韦壮凡	韦安宁	韦金秋	韦绍先	韦春生	韦荣燊	韦剑平
韦模才	韦德强	毛　红	仇承力	文　明	文克辉	亢　进	方　宁	方建铨
方浩园	方崇兴	邓　园	邓　强	甘越帆	甘碧云	左厚尧	石　穆	龙　杰
龙少荣	龙军胜	龙杰锋	卢主贤	卢英能	卢瑞君	帅立志	帅立国	田　野
史　松	史克林	付小青	冯　艺	宁　学	宁绍旗	成　强	成端显	曲秀娟
吕玉林	朱　焱	朱子灏	朱创伟	朱芳原	朱彤岳	朱明贤	朱爱莲	朱彩文
伍祥杰	任　玲	任保胜	任湘岳	伦振刚	伊树森	全君兰	庄　祺	刘　菁
刘　辉	刘　锐	刘小玉	刘山枫	刘中坚	刘龙池	刘龙辉	刘东方	刘华刚
刘沛盛	刘昌龄	刘建强	刘晓君	江　波	汤步阳	许　军	许　超	许伟辉
许贵生	农仕妹	孙红兵	孙国萍	阳桂峰	苏山洪	苏光华	苏兴周	苏新生
苏蔚红	李　力	李　文	李　阳	李　茵	李　艳	李　莹	李　健	李　跃
李　慧	李小平	李子平	李仁崃	李文先	李文康	李玉宝	李玉保	李世军
李永华	李先明	李军红	李克联	李丽华	李秀琴	李金钟	李建琛	李细兰
李城宇	李栋校	李振全	李振潜	李海兵	李家珍	李雪箐	李望尘	李紫君
李蔚琛	李廖娜	李德观	李德威	杨　军	杨大章	杨卫红	杨叶成	杨伟林
杨华梅	杨步云	杨启仁	杨俊新	杨桂景	杨晓云	杨晓红	杨康兴	杨燕灵
肖　飞	肖　岚	肖建光	吴奇珍	吴明生	吴佳妮	吴泽林	吴学斌	吴宝然
吴建国	吴珂全	吴莎莎	吴曾伟	岑汉伟	邱一钟	邱有源	何　丹	何　平
何　腾	何广华	何艺初	何本欢	何红玉	何建强	何振强	何梦玲	余春飞
邹　慎	汪俊芳	沈春生	张　宁	张　坚	张　明	张　敏	张　翔	张　薇
张力中	张双城	张平生	张礼全	张永兰	张永明	张民甫	张光宗	张名河
张志刚	张沣逞	张果兵	张忠安	张美中	张效东	张清芳	张颖中	张耀民
陆　燕	陆仁洪	陆春秀	陈　宽	陈　楚	陈小春	陈小桂	陈小燕	陈广森
陈开建	陈巧燕	陈世宣	陈永明	陈汝怀	陈其标	陈欣德	陈建国	陈春燕

陈俊穷　陈奕强　陈洁昭　陈勇全　陈晓玲　陈海国　陈铭高　陈康明　陈斌冠
陈道宁　陈耀松　范成伦　范雅静　林小群　林卫红　林观华　林进富　林国强
欧阳驻　欧阳文炎　　　　明德昭　易庆华　易金翠　罗宇　罗荃　罗静
罗礼烈　罗联生　和铁龙　金果　金海凌　周欣　周民震　周民霖　周作炳
周旻昉　周迪斌　周泽江　周致新　周展冲　周惠森　周键玮　冼光位　冼培芳
庞惠清　庞赋辉　郑妙昌　郑稷康　竺希和　单春华　赵岚　赵兴文　赵明升
赵桂平　胡京　胡东明　胡炳荣　柯来发　贵生金　钟驰　金重　钟红雨
钟新能　段正波　侯堉中　俞松　姜海勤　洪日镜　柴万里　祝发莲　祝锦炎
姚雪琼　秦咏梅　秦舒芸　秦善玉　耿志明　耿法语　莫萍　莫文明　莫志伟
莫基新　贾莉　顾青　顾才源　顾家龙　徐东　徐大兴　徐立红　徐远洲
徐荣伟　殷睿　殷志高　翁奎　翁粤萍　凌小护　凌树明　凌朝光　高嬲嬲
郭荣志　唐韧　唐洁　唐强　唐燕　唐一方　唐玉刚　唐仲亭　唐贤江
唐佩珠　唐建祥　唐晓玲　海凌　容小宁　谈忠馀　陶标　黄东　黄芬
黄劼　黄贺　黄锦　黄小兰　黄小明　黄云龙　黄可产　黄可钊　黄业盛
黄永琪　黄孙祝　黄志华　黄克东　黄丽玲　黄应康　黄家仁　黄宗海　黄宗祥
黄宗湖　黄春燕　黄柳生　黄俊成　黄宣言　黄祖松　黄胭樱　黄海武　黄继树
黄象海　黄婉秋　黄喜丹　黄景林　黄新颖　黄福盛　黄碧波　黄肇郎　曹光哲
曹斌强　龚文敏　龚敏中　常剑钧　章永明　梁万琪　梁小英　梁小梅　梁凤光
梁文乾　梁汉昌　梁光荣　梁志豪　梁贵春　梁修铸　梁剑锐　梁素梅　梁健毅
梁益登　梁海生　梁淑荃　梁维多　梁肇佐　彭匈　彭环　彭巨星　彭承红
董阳　董连水　蒋文宣　蒋廷瑜　蒋京湘　蒋梅君　蒋耀强　韩飞雪　覃溥
覃九宏　覃红波　覃国康　覃明华　覃明德　覃学文　覃承勤　覃孟生　覃柳丽
覃惠婷　覃滋高　粟春松　喻银龙　傅雪萍　储家设　鲁利　童小民　曾玲
曾健　曾大军　曾建珲　曾建球　曾宪瑞　谢文富　谢林城　靳北燕　蓝大
蓝华　蓝小丽　蓝迎真　蓝振波　蒙古　蒙文罡　蒙志刚　蒙志全　蒙奇园
蒙秋萍　雷务甲　雷桂兰　鲍朝志　蔡广静　蔡立彤　蔡发祥　蔡家雄　蔡道东
廖全宝　廖肖坤　廖明君　廖钧平　廖铁星　廖琰冰　谭绍杰　谭勇斌　谭梅芳
翟小娟　熊开东　熊海蓉　黎荣　黎源　黎磊　黎兆进　黎泽盛　黎柳汐
黎锦标　滕健　滕颖　滕国雄　潘世明　潘玲　潘鸿权　潘慧斌　薛山明
魏永泉

（三）会员风采（按姓氏笔画排列）

广西中华文化促进会大家庭精英荟萃，人才辈出。

于　敏

男高音歌唱家，毕业于中央音乐学院声乐系，擅长演绎西方咏叹调。

万立仁

广西艺术学院民族艺术系客座教授，中国曲协家协会常务理事，南宁市非物质文化遗产白话童谣代表性传承人。

马冰青

高级灯光设计师，演艺策划人。曾任中国演出家协会常务理事，中国舞台美术学会常务理事，广西舞美学会会长、终身名誉会长。

马定和

国家一级演员，歌舞剧《刘三姐》阿牛哥扮演者。主演壮剧《歌王》获文化部文华表演奖。

马定强

国家一级演员，广西彩调剧表演艺术家。主演或参与策划、制作、编剧、导演50多部彩调剧、壮剧及歌舞剧，多次获奖。

马雪萍

桂剧表演艺术家，曾主演民族歌舞剧《白莲》、民族音画《八桂大歌》、彩调剧《红瑶梦》等。

马朝桂

广西医科大学教授，著名神经内科专家，2019年6月获全国杰出神经内科医师终身成就奖。

王　猛

国家一级舞美设计师，广西著名画家。曾担任壮剧《歌王》、壮剧《瓦氏夫人》舞美设计。举办《渐醒吴哥》个人油画展。

王云高

国家一级作家，小说《彩云归》作者。出版小说、散文27部。

王予嘉

国家一级演员，青年歌唱家。彩调剧《刘三姐》刘三姐扮演者。

韦　谱

书画家，多年从事书法教学。

韦壮凡

剧作家，广西艺术学院原院长。创作桂剧《泥马泪》等戏剧作品30多部，彩调剧《喜事》获国家戏剧文学奖。

韦国华

作家，柳州市作家协会副主席、柳州市中华文化促进会常务副主席。出版诗集6本，文集1部。

韦俊海

国家一级作家，著有长篇、中篇小说《大流放》《春柳院》等10部。获2016年广西人民政府文艺创作铜鼓奖。

韦剑平

书法家，书法作品《毛主席诗词》刻于广西桂林市碑林。书法作品曾多次获奖并被授予"全国百名功勋艺术家"称号。

方浩园

书法家，广西科技书画院副院长。从事书法教学三十多年，多幅作品在报刊和杂志上发表。

邓增宇

书法家，北海市中华文化促进会驻会副主席。多幅书画作品获奖。

冯 艺

作家，广西作家协会名誉主席、广西文学院院长。散文集曾获第四、第八届全国少数民族文学"骏马奖"等多种奖项。

帅立志

著名书法篆刻家，书法篆刻作品获广西铜鼓奖最高荣誉奖。出版《帅立志刻字艺术》等著作。

帅立国

著名书法家、水墨画家。作品多次在国内外参展获奖，出版有《帅立国书画作品选集》。

卢英能

国家一级舞台美术设计师，壮剧《歌王》舞美设计获广西第四届剧展舞美设计奖。

卢瑞君

广西群众艺术馆活动策划部主任，多次策划组织广场舞大赛等大型群众文化活动。

龙杰锋

国家一级导演、德艺双馨艺术家，参与大型彩调剧90余部作品的导演和创作。获文化部"文华导演奖"等7项国家大奖及30多项广西奖。

江　波

彩调艺术家，广西彩调团创建人之一，歌舞剧《刘三姐》编导之一。创作执导移植彩调剧《一担翻身粮》、《刘介梅》等40多部。

伍祥杰

画家，东盟国际书画院副院长。精于山水
画和花鸟画，其山水画意境高远，花鸟画
之水墨梅花苍木虬枝。

刘中坚

舞蹈家，广西首演芭蕾舞《白毛女》喜儿
扮演者，参加演出的作品有《刘三姐》
《赶圩归来阿哩哩》等40多部。

刘沛盛

国家一级编剧，柳州市作协副主席、市中
华文化促进会副主席、市音乐文学学会会
长。出版个人文集《生命之春》、诗集
《远航》等。

汤步扬

小提琴演奏家，广西中华文化促进会爱乐
乐团团长。

汤植诚

诗人、作家、书法家，中华诗词学会会
员、中国书画协会研究员，防城港市中华
文化促进会主席。出版个人文集《汤植诚
诗书选》《西江月韵》《诗香墨韵》等。

李　力

记者，电视节目主持人。从1997年开始，
主持广西电视台《生存空间》栏目，获国
家环保局和香港地球之友共同颁发的"地
球奖"。

李人帡

中国工艺美术大师，中国陶瓷艺术大师。广西钦州坭兴陶工艺研究所所长。

李 菲

武术运动员、演员、制作人，获世界武术联盟终生成就奖，杰出运动员金牌奖，是澳门体育史上第一个世界冠军。

李海兵

国家一级演员、歌唱家、节目主持人。曾获广西戏剧节优秀演员奖，全国"孔雀杯"通俗歌曲大赛优秀奖等。

李秀琴

二级电影文学编辑。

沈培光

作家，广西作家协会会员，著有小说集《月照心扉》、散文集《柳丝飘飘》、报告文学集《魂系山河》及多部文史著作。

孟 杰

书法家，北海中华文化促进会驻会副主席、北海中国书画院副院长。多次参加全国及广西书画艺术大赛获奖。

邱一中

作家，南宁市音乐家协会副主席兼秘书长，创作的粤剧《紫金锤》获第七届中国戏剧节曹禺戏剧银奖。

邱有源

国家一级编剧，广西贺州市文联主席、广西曲艺家协会主席。作品获牡丹奖文学奖、广西"五个一工程"奖、广西人民政府铜鼓奖。

张沣遑

北京弘泽堂集团公司董事长，国际平衡医学研究会常务理事。中西医都有很高的造诣。

张永兰

国家一级演员，饰演《蛇郎》的银花，《羽人梦》的满妹，《歌王》的丹霞，获第一届至第五届广西剧展"表演奖"。

张名河

国家一级编剧、著名词作家。曾创作大型音乐剧《阿炳与茉莉花》等。作品获"五个一工程奖""金钟奖"等奖项。

张忠安

国家一级舞台美术设计师，中国戏曲写意人物画、写意书法艺术家，广西舞台美术学会会长。

张效东
国家一级指挥，曾任广西歌舞剧院院长，广西交响乐音乐总监、首席指挥。获第十三届文华奖"文华大奖特别奖""文华优秀剧目奖"等。

张美中
书法家，先后在广西、北京、广东、江苏等地举办个人书画展，书法作品"中国龙"全球巡展，曾展于雅典奥运赛场。

吴学斌
广西中华文化促进会副主席、东西方美术院院长、乌克兰国家美术与建筑学院等7所大学特聘教授。五一劳动奖章获得者。

吴珂全
广西少数民族民俗文化保护、传承的开拓者，他创建的"龙胜大唐湾民俗文化展示园"，被评为全国和自治区的旅游示范点。

吴曾伟
服装设计师，长期致力于广西金秀瑶族传统服饰文化的研究与传承，作品曾获"中国金剪奖"。

苏蔚红
画家，曾任广西书画院院长，广西美术家协会副主席。

陈道宁
国家二级演员，女高音歌唱家，广西歌舞
剧院副院长。曾获"孔雀杯"全国少数民
族歌手比赛二等奖。

陈晓玲
国家一级导演，曾任南宁国际民歌艺术节
艺术总监。是大型舞剧《妈勒访天边》艺
术总监、舞剧《百鸟衣》编剧、粤剧《海
棠亭》编剧。

陈铭高
高级舞美灯光设计师，舞台技术专家。

何梦玲
国家一级演员，南宁市音乐家协会副主
席。多次在国家和自治区比赛中获奖。

和铁龙
国家一级舞台美术师、画家、教授。

杨步云
国家一级演员，广西彩调非物质文化遗产
传承人，先后参加40余出大小剧目排演，
在《哪嗬咿嗬嗨》饰演阿三，获中国第四
届戏剧节优秀表演奖。

周民震

著名影视剧作家，中国第三届电影编剧终
身成就奖获得者。创作电影文学剧本 19
部，其中《苗家儿女》《甜蜜的事业》等
13 部拍成电影。

周民霖

作家，全国冬泳委员会委员、广西游泳协
会主席、《广西游泳》报主编，2012 年被
评选为"广西体育之星"。

周惠森

广西医科大学副教授，摄影家，中国民族
摄影家协会会员，广西摄影家协会会员。
摄影作品多次参赛获奖。

周泽江

桂林旅游学院终身教授，桂林《印象刘三
姐》大型实景演出音乐总监、多部民族交
响乐的曲作者。

冼光位

历史学家，曾任广西通志馆馆长、广西历
史学会会长，出版历史考古多部著作。

郑妙昌

曾任广西楹联学会会长、广西教育出版社
社长，中国对联作品集编委会副主任。

柒万里

著名画家，教授，广西美术家协会副主
席，广西民族书画院副院长。出版和编著
有《最新人体线描引导》《山水白描画谱》
等多部个人专集。

洪日镜

杨氏太极拳第五代传人、中国武术八段，
广西永年太极拳研究院院长。

钟 玲

北京熠帆钟玲体育文化发展有限公司CEO
及艺术总监，曾蝉联十年全国艺术体操冠
军，被誉为"亚洲艺术体操女皇"。

侯埔中

国家一级编剧，主要作品有电影剧本《百
色起义》，电视剧本《远征》《韦拔群传
奇》《红七军》等。

钟长庆（金 重）

主任舞台技师，多年从事舞台灯光音响技
术设计。参加设计的剧目有《红河赤卫
队》《红岩》《灰姑娘》《雷雨》等。

钟和昌

书法、刻字艺术家，曾任北海市书协主
席，作品入展全国刻字艺术展、广西书法
展，入编《名言书法大典》等书法典藉和
书法作品集。

龚文敏

国家一级舞美设计师。担任《瓦氏夫人》《刘三姐》《月到中秋》等多部剧作的服装化妆造型设计。曾获第五届、第七届中国戏剧节优秀舞美设计奖。

翁　奎

男高音歌唱家、声乐教育家，广西大学艺术学院声乐教授、副院长。多次获全国及省级声乐大奖，发表数十篇声乐论文。

莫义明

国家二级编剧，著有小说集《八角姻缘》、电影文学剧本《十五月亮十六圆》。

唐　韧

教授，从事写作、文学、美学等多门课程的教学，曾发表各类文学作品160万字。

唐仲亭

国家一级演员，南宁市戏剧家协会副主席，主演话剧《苍天有泪》等多部剧目并获奖。

唐建祥

摄影家、广西艺术摄影学会会长，多次举办摄影展，多幅作品获奖。

唐佩珠

国家一级演员，女高音歌唱家。歌舞剧
《刘三姐》刘三姐扮演者，广西金嗓子。

唐晓玲

国家一级演员，主演《刘三姐》《苗家妹
子》等40余部彩调剧目，曾获中国曹禺
戏剧奖优秀演出奖等多项国家和自治区
级奖。

贾双飞

国家一级演员，男高音歌唱家，广西教育
学院艺术学院院长。

耿法禹

作家，文史考证专家，广西教育学院研究
员。著有《绿珠女》及其电视剧本，《中
华生肖文化》《钧州娃抗日》、民间传说
《天狗》等。

秦善玉

民营企业家，古化石收藏家，热心于桂
剧、彩调、文场传承，创办广西桂彩文传
承基地。

梁 耀

著名画家，曾任广西书画院副院长、漓江
画派促进会副会长、广西艺术学院美术研
究所副所长。

梁万琪

书法家，广西科技书画院常务副院长。

黄 劼

作家，广西曲艺家协会副主席、音乐文学学会副主席。出版4部文集，作品多次获全国群星创作金奖、全军业余文艺会演创作一等奖。

黄春艳

国家一级演员，歌唱家，被观众誉为"广西民歌歌后"、"壮族百灵"，曾获第二届全国少数民族歌手大奖赛金奖。

黄婉秋

国家一级演员，曾任广西文联副主席。电影《刘三姐》刘三姐的扮演者，先后荣获"金鹰奖"、"飞天奖"、最佳戏曲片奖。

黄碧波

《老年知音》杂志总编辑。

黄继树

国家一级作家，曾任桂林市文联主席、广西作家协会副主席。著有三卷长篇小说《桂系演义》、长篇传记文学《大清名臣陈宏谋》等。

曹光哲

出版家，广西出版传媒集团总编辑、中国出版协会常务理事、广西出版协会副主席、广西中华文化促进会副主席。

常剑钧

国家一级编剧，广西艺术创作中心主任，1996年被授予"文化部优秀专家"称号，1998年被评为"广西德艺双馨50杰艺术家"。

褚家设

国家一级演员，广西戏剧家协会副主席，广西话剧团团长。主要代表作有话剧《甜蜜的事业》《雷雨》、电影《铁血昆仑关》、电视剧《朱锡昂》《英雄虎胆》等，多次获奖。

彭匈

作家，作品入选多种版本"中国年度最佳散文、精短美文"，获两届广西政府铜鼓奖、第三届汪曾祺文学银奖。

彭巨星

作家，曾在报刊发表文章多篇，《领导干部生活中为人处世要讲辩证法》被评为首届"中国优秀领导管理艺术"征文二等奖。

曾宪瑞

著名词作家，编撰的《中国歌海词丛》被称为中国歌词界的长城。《苦苦的乡恋》《红水河，太阳河》等多首歌词获奖。

蒋廷瑜

考古专家，曾任广西壮族自治区博物馆馆长，中国考古学会理事，中国古代铜鼓研究会理事长。

蒙　古

资深文物收藏家、鉴赏家。

蒙智扉

楹联作家，广西首届"德艺双馨"民间文艺家，全国"联坛十杰"，中国楹联学会副会长、广西楹联学会名誉会长。

雷务甲

国家一级演员，书画家，南宁市文联副主席。担任话剧《雷雨》、电视剧《望海情牵》的主演并获奖。

蓝振波

国家一级话剧演员，获广西第四、五届剧展"优秀表演奖"。1998年主演的连续剧《走过秋冬春夏》获第十七届中国电视"金鹰奖"。

鲍朝志

国家一级演员，歌唱家，被誉为广西歌坛常青树。他演唱的歌曲《老王》获中宣部"五个一工程"奖。

廖明君

全国非物质文化遗产保护先进个人，广西
非物质文化遗产研究中心主任、文化部优
秀专家。

廖铁星

楹联作家，中国楹联学会常务理事、广西
楹联学会驻会会长兼秘书长。

蔡立彤

国家一级作曲家，著有桂剧《梁祝》《西
厢记》等作品，以及创作歌曲《壮族人民
热爱周总理》和大型组歌《暴风雨交响
诗》等。

蔡道东

著名画家，国家一级美术师。致力于"西
画中国化、中国画现代化"的画家，素有
"船翁"之美誉。

蔡家雄

茶文化专家，创办广西南宁绿野茶业有限
责任公司，成为传承、弘扬中国茶艺、茶
道、茶文化的基地。

潘 玲

礼仪专家，国家教育部礼仪训练核心师
资，历届中国——东盟礼仪形象大使大赛
总策划，广西礼仪文化交流协会会长。

潘世明

国家一级演员，男高音歌唱家，广西音乐家协会副主席。

滕　健

旅游文化专家，广西旅游规划设计院院长。

滕国雄

国家一级演奏员、单簧管演奏家、广西交响乐团团长。先后出访越南、新加坡、美国，在美国进行文化交流时，获城市金钥匙及"杰出音乐大使"称号。

九、组织与机构

（一）理事会

1.主席、名誉主席、高级顾问、副主席、秘书长和副秘书长：

李振潜：第一、二届主席（广西区党委原副书记，广西区政府原副主席，广西区人大原副主任）。

周民震：第一届主席、第二届名誉主席（广西文化厅原厅长）。

潘鸿权：第　届主席、第二届名誉主席
（广西区政府原秘书长，广西区政协原副
主席）。

林国强：第二届主席（南宁市原市长，广
西区政协原副主席）。

韦纯束：第一、二届名誉主席（原中顾委
委员，广西区党委原副书记，广西区政府
原主席）。

丁廷模：第一、二届名誉主席（广西区党
委原副书记）。

潘　琦：第一、二届名誉主席（广西区党
委原副书记、宣传部原部长）。

沈北海：高级顾问（广西区党委宣传部原
部长，广西区政协原副主席）。

吴　恒：高级顾问（广西区政府原副主
席，广西区人大原副主任）

朱　焱：第一、二届常务副主席（广西广
电局原局长，广西区十届人大教科文卫委
主任委员）。

岑汉伟：第一、二届常务副主席（广西
文化厅原副厅长）。

蒙　古：第二届常务副主席

容小宁：副主席（南宁市原副市长，广西
文化厅原厅长）。

韦壮凡：副主席（广西艺术学院原院长，
广西文化厅原厅长）。

冼光位：副主席（广西通志馆原馆长，广西文化厅原副厅长）。

周民霖：副主席（广西总工会原主席，南宁市委原副书记）。

于　栗：副主席（广西文化厅原副厅长，广西区政协教科文卫体委原主任）。

帅立志：副主席

马朝桂：副主席（广西医科大学原校长）。

帅立国：副主席（北海市原市长）。

林观华：副主席（桂林市原副市长）。

黄家仁：副主席（柳州市原副市长）。

汤植诚：副主席（防城港市人大原副主任）。

韦生进：副主席（广西文化厅原副厅长）。

张名河：副主席（广西文化厅原副厅长）。

黎兆进：副主席（广西总工会纪检组原组长）。

何　丹：副主席（广西广电局原副局长）。

苏新生：副主席（广西广电局原副局长）。

唐建祥：副主席（广西文化厅原副巡视员）。

任保胜：副主席（广西文化厅原副巡视员）。

马红英：副主席（广西文化厅原巡视员）。

陈晓玲：副主席（南宁市文化局原局长）。

滕　健：副主席（广西园林规划设计院院长）。

吴学斌：副主席（广西区政协教科文卫体委原副主任）。

马冰青：副主席兼秘书长（广西演出公司原经理）。

余春飞：秘书长（广西文化厅老干处原处长）。

祝锦炎：副秘书长（桂林市文化局原局长）。

董　阳：副秘书长（广西文化厅老干处原处长）。

滕国雄：副秘长（广西歌舞剧院原副院长）。

黎锦标：副秘书长（广西文化厅法规处原处长）。

廖铁星：副秘书长

张　翔：副秘书长

马定强：副秘书长（广西彩调团原副团长）。

卢瑞君：副秘书长

2.常务理事（按姓氏笔画排列）

于　敏　马定强　王　猛　王云高　龙杰锋　江　波　刘　辉　刘沛盛

成　强　朱创伟　伦振纲　陈巧燕（女）　李金钟　张忠安　张效东

吴泽林　郑妙昌　范成伦　侯靖中　柴万里　洪日镜　曾　健　章永明

常剑钧　黄祖松　黄碧波　廖明君　蔡家雄　方建诠　龙军胜　左厚尧

张沣逞　于春飞　苏蔚红（女）　杨卫红　梁志豪　黄云龙　曹斌强

彭巨星　蒋廷瑜　蒋耀强　兰小丽（女）

3.理事（按姓氏笔划排列）

亢　进　冯　艺　卢瑞君（女）　刘龙池　何本欢　张永兰（女）　李人硎

李秀琴（女）　李海兵　吴曾伟　冼培芳（女）　周键玮（女）　徐远洲

殷志高　唐佩珠（女）　唐晓玲（女）　黄　贺　黄可产　黄婉秋（女）

童小民　鲍朝志　雷务甲　兰振波　蔡立彤　廖铁星　黎锦标

（二）工作机构

1.办公室

2.工作部：

（1）社会活动部

（2）对外交流部

（3）艺术活动部

（4）节庆文化部

（5）学术部

（6）文化之友编辑部

3.工作室

（1）创作室

（2）张志刚雕塑工作室

4.活动中心

（1）演艺文化中心　艺术活动部

（2）书画艺术中心

（3）影像艺术中心

（4）影视文化中心

（5）文化创意中心

（6）非物质文化保护研究中心

（7）桂林桂戏、彩调、文场保护传承活动中心

（8）桂林科苑大自然艺术研究中心

（9）青少年艺术培训中心

（10）传媒文化中心

（11）对外文化交流中心

5.专业委员会

（1）音乐（专业）委员会暨音乐沙龙

（2）美术（专业）委员会

（3）收藏文化（专业）研究会

（4）礼仪文化（专业）委员会

（5）视听文化专业委员会

（6）茶文化专业委员会

（7）会展文化专业委员会

（8）楹联文化（专业）委员会

（三）会员之家

1.设在"绿野茶业"的茶文化会员之家。2005年12月8日成立，主任蔡家雄。

2.设在桂林龙胜县大唐湾的民俗文化会员之家，2006年成立，主任吴珂全。

3.设在"桐木斋茶庄"的会员之家，2007年7月27日授匾。

4.设在"汇文堂"的鉴赏文化会员之家，2008年12月20日挂牌，主任李金钟、黎磊、蒋梅君。

5. 设在"奇石城·六堡茶"的观赏文化会员之家，2011年5月30日挂牌，主任于勇。

6. 设在"弘泽堂国医馆"的养生文化会员之家，2011年7月22日挂牌，主任张沣逞。

7.设在"至尊珠宝会所"的珠宝文化会员之家，2011年12月11日挂牌，主任杨卫红、李军红。

8.设在"满道鲜酒楼"的壮文化会员之家，2012年6月17日挂牌，负责人凌树明。

9.设在"大益茶体验馆"的茶道文化会员之家，2012年11月19日挂牌，主任梁风光。

10.设在南宁市思贤路的书画艺术会员之家，主任吴泽林。

11.设在"乐道茶坊"的乐道茶文化会员之家。

12.设在上海"乐道茶坊"的乐道茶文化会员之家。

13.设在北京广西大厦的"桂海斋"会员之家，主任段正波。

（四）艺术团体

1.广西中华文化促进会交响乐团——广西爱乐乐团

广西爱乐乐团成立于2007年4月，为非职业性交响乐团，由广西及南宁市演奏家、器乐爱好者自愿组合，广西著名指挥家韦世文、尹恒担任指挥，首席小提琴为汤步扬。乐团于2011年加入广西中华文化促进会为团体会员，成为广西中华文化促进会爱乐乐团。乐团经常在广西各地演出，多次在南宁、柳州、崇左担纲新年音乐会及许多公益活动，很受欢迎。

首演式

新春交响音乐会

2.广西中华文化促进会民乐团

2013年8月31日成立的广西中华文化促进会民乐俱乐部，即广西文促会民乐团，汇集了广西各地的多位民乐高手，众成员不仅积极一起习练，满足艺术追求，而且热心普及传艺培训，多次承担重大活动的演出，下乡到农村展演，受到广大群众的欢迎和好评。

揭牌仪式

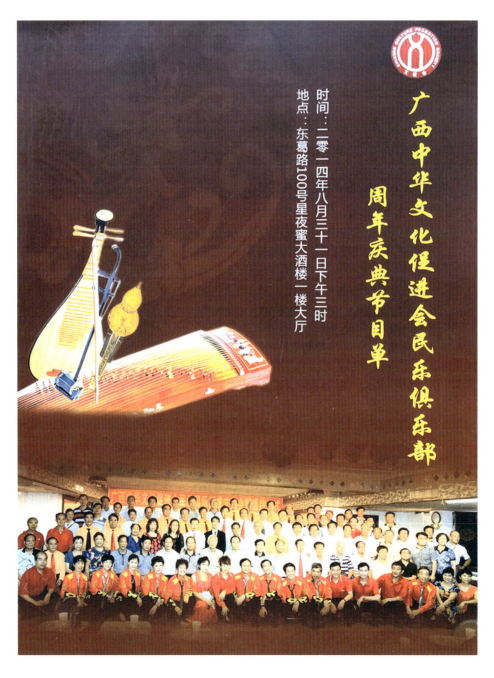

广西中华文化促进会民乐俱乐部
周年庆典节目单

时间：二零一四年八月三十一日下午三时
地点：东葛路100号星夜蜜大酒楼一楼大厅

3.广西中华文化促进会红绣球青少年艺术团

以学习、传承广西民族文化资源，向国内外传播广西民俗文化、人文风采，培育新一代青少年民族艺术人才为宗旨，红绣球青少年艺术团是广西文促会的团体会员，多次主办或参与不同规模、规格的音乐活动：第四届中国小音乐家评选活动，"真情相约，快乐成长"联欢会，小歌唱家CD录音专辑第一辑、第二辑，全国少儿歌唱考级等多项活动和农民工子女音乐、舞蹈培训班。

4.中国—东盟青少年艺术盛典手拉手艺术团

由广西中华文化促进会团体会员——中国—东盟手拉手艺术团组织的中国—东盟青少年艺术盛典活动先后在广西各地举行，受到来自广西各地和东盟国家青少年的热烈欢迎。

十、文摘

集毕生之力铸文化之梦

——广西中华民族文化促进会团结了一大批文化才俊

广西日报记者覃咏梅

2006年8月22日

当地球就像一个村庄、网络不再阻隔任何信息时，文化，在坚持个性和保卫本色的热潮里被高高地擎起在历史的行进中。

2004年，全世界目睹着中国捍卫文化的壮举

2004年，有着深厚中外文化底蕴的文化老人季羡林先生发出呼吁："'五四'新文化运动距今85年了。世界变了，中国变了。与那个时候相比，中国知识分子对于中国和世界文化问题的看法当然更加成熟了。这个时候，我们集合在一起，经过讨论，发表宣言，向国际社会表达自己的主张，我觉得这是一件具有划时代意义的事情！"季老先生对历经沧桑而不倒的中华文明充满了敬重和挚爱！就在他表达心愿的2004年9月5日，由许嘉璐、季羡林、任继愈、杨振宁、王蒙5位中国最知名的政治家、科学家、作家、学者倡导，70位中华民族文化促进会来自各条战线上的知名专家学者聚会于北京亚运村五洲皇冠假日酒店二楼会议室，向全世界发出了《甲申文化宣言》。在这个充满力量的声音里，蕴藏着他们目睹中国从沉睡到雄起的世纪栋梁的强国梦，宣言里是他们一生对中国文化不变的忠诚。

《甲申文化宣言》仅仅1500字。"我们为世界上许多古老民族、经济次发达地区的文化命运深感忧虑。国家不论大小、历史不论长短、国力不论强弱，在文化交往和交流方面均享有平等权利。我们反对文化沙文主义和文化歧视，并认为此类行为是反文化的……"，"我们主张文明对话，以减少偏见、减少敌意，消弭隔阂，消弭误解。我们反对排斥异质文明的狭隘民族主义，更反对以优劣论文明，或者将不同文明之间的关系形容为不可调和的冲突，甚至认为这种冲突将导致灾难性的政治角力和战争……"世界再一次把深思的目光投向了中国。《甲申文化宣言》表明文化态度的声音立即得到了全国文化界的响应。自1992年中华民族文化促进会正式成立以来，十多年间，全国各地，包括美国、日本、新加坡、加拿大等国以及中国台湾、香港、澳门等地区，许多由著名文化人、文化机构及所有热爱关注中华文化发展的热心人士组成的民间文化组织像雨后春笋般出现，集聚成一道坚守中华文化传统的战线。《甲申文化宣言》刚一问世，一时间，由各地中华民族文化促进会所开展的各种关于抢救、保护中华文化的行动风靡了华夏大地。许多新的文化促进会也在各地相继诞生。

广西中华民族文化促进会就是在这股文化热浪中应运而生。自治区曾经主管文化的副主席李振潜在退休后团结着一大批广西文化名人，建立起一个充满活力的民间文化组织。

广西近一年内操办了多项促进民族文化的大事

广西中华民族文化促进会成立于2005年7月，与中华民族文化促进会秉承是同一个纲领和信念：弘扬中华文化，促进国际交流。成立近一年来，先后倡议、主办、承办、参与、协助开展了一系列促进民族文化的活动。如采用民族特色仪式迎送嘉宾；邀请中国残疾人艺术团《我的梦》到广西演出；组派广西少数民族音乐团到台湾演出；举办南宁—东南亚京剧爱好者国际演唱会；举办名家春联展赛和赠联活动；在《广西日报》开设《中华节庆文化大家谈》专栏；今年三月三传统节日，邀请台湾原住民艺术团到桂林举办的"我们都是一家人"海峡两岸少数民族大联欢活动；举办第四届国际杨氏太极拳联谊及学术研讨会等活动。广西中华民族文化促进会正在促进的文化项目有：全区城乡开展爱国旗挂国旗活动、南宁市南湖公园美术园、广西科普文化创作室、梧州舜帝文化开发等。自治区副主席吴恒非常赞赏广西中华民族文化促进会为弘扬中华民族文化所作出的努力，并称赞"是一个充满活力的组织"。

近日，记者了解到，广西中华民族文化促进会正在紧锣密鼓地准备赴台湾参加海峡两岸中秋联欢活动。这是继今年台湾原住民艺术团专程到桂林与广西各族代表共度三月三壮族歌节活动的延续。《甲申文化宣言》中有这样一句话："华夏56个民族共同创造的中华文化，至今仍是全体中国人和海外华人的精神家园、情感纽带和身份认同。"正是对中华传统成为炎黄子孙内聚力的认同，广西中华民族文化促进会致力于开展两岸少数民族交流活动的同时，有意地融入了传承发扬中华民族传统文化。广西中华民族文化促进会主席、自治区政府原副主席李振潜说，社会转型时期需要很多协助政府完善社会功能的民间组织，我们只是其中之一，所做的也就是文化领域里的一些拾遗补阙的工作。但我们的队伍人才多，潜能大，可以做许多事情。构筑一个以文化为纽带的和谐世界，是所有中华民族文化促进会会员共同的梦想。

广西中华民族文化促进会团结了一大批文化才俊

"我们就是一帮特别想为中华文化做点事的人。"广西中华民族文化促进会副主席、文化厅原副厅长岑汉伟在促进会成立一周年时，与记者侃侃而谈："在当今全球化的年代，一个民族如果没有文化的自觉，就很可能失去自主的民族文化。没有了民族文化之魂，中华民族的复兴就会成为一句空话。《甲申文化宣言》也是我们的心声，是相同的使命感与责任感把我们这些同志和许多在文化机构、社会企业的名流们聚集在一起，共同为捍卫和发展中华民族传统文化发挥力所能及的作用。"

记者在广西中华民族文化促进会会员名单里看到，自治区多位主管文化的领导是促进会的名誉主席和顾问，文化部门的多位厅级领导名列其中，广西著名作家、艺术家、书画家、企业家占据会员的多数，其中还有居住海外的会员，如此高级别、范围广的文化才俊的集结，可以想象他们发挥的能量一定是巨大的。在广西中华民族文化促进会采访时，记者看到促进会名誉主席、自治区老主席韦纯束的一封亲笔信："我实在想做文化促进会的一名义工，或一名会员，我高兴参与这方面工作，是带有还债性质，只要身体健康，我定能尽力而为，有一分热，发一分光……"李振潜主席告诉记者，许多退休的官员都带有这种要用余生精力，实现过去想做还没有做的文化夙愿。尽管每一位会员过去所从事的工作不尽相同，但如今为中华民族文化复兴而团结在一起，他们的内心放不下的都是"强国梦"。中华民族文化促进会常务理事、广西中华民族文化促进会的发起人之一、副主席、著名作家、自治区文化厅原厅长周民震深情地说道："我的一生都是为文化梦而活着。"

梦想往往是历史前行的助动力。台湾著名教授何伟康先生曾指出中华文明依然是当今人类文明可以借鉴的思想资源，他将具有人类普泛意义的中华文化的精华，如《老子》等的现代化与世界化，视为"中华大梦"。他说："事实上，这个中华大梦在慢慢成形。从全世界多个角落传来的消息，联溪结涡，汇成梦的大河。"并呼吁："这个梦是从中华文化的根基成长起来的。中国人有责任把这个大梦跟世界各国人民分享。"

正是这"中华大梦"掀起了当今中国捍卫和发扬中华文化的浪潮，从现今95岁高龄的季羡林到众多卸任的文化官员，再到正活跃在各行各业热爱中华文明的青壮年才俊们，每个人都在集聚一生的能量共铸一个文化大国的梦想。

亦是告退　非是告退

——在广西中华文化促进会第二次会员大会上致辞
周民震
2010年12月30日

在2011年到来的前夕，十分高兴和大家一同跨进新年的大门，又一同走进广西文促会第二届的门槛，这是一件双重欢庆的盛事。

新一届文促会我退出了工作班子，有人建议我在换届的年会上致个告退辞，我说可以退出2010年，但不可退出文促会，于是就有了今天讲话的题目：亦是告退，非是告退。

我退出工作班子的原因很简单，一是自己坚持要求，二是因为老了。岁月是一位最严厉也是最公正的裁判，打个比方：我是一个球队的球员，但我已经跑不动了，力不从心了，于是就会出现"五号下，七号上"这种球场上再正常不过的事了。想想看，我从15岁开始在文化这个球场上跑来跑去跑了快65年，就是姚明和贝克汉姆这样的运动员，也会步履维艰了吧！

退出了工作班子，又把我推上了名誉的位置，这个荣誉我可不敢当！与其他名誉主席站在一起，我实在不敢与之比肩，只能望其项背。名誉毕竟是名誉，而实实在在的，我还是一名会员，一个平凡的文化追求者的形象，这才是我的本来面目。

在我离开工作班子之时，对文促会的工作寄语三言：

一、文化是一个民族的灵魂，一个国家的标志，无论政治体制怎么改变，经济模式如何异化，文化永远是全民族的凝聚点和向心力，所以促进文化发展的文促会是永在的，它肩负的责任是永存的。

二、文促会永远是NGO（非政府民间组织的英文缩写），是社会群众的志愿组织，是任何文化行政部门所不可代替的，但也绝不能把它办成另一个文化行政组织。能做什么、该做什么，要促什么、怎样去促，要不断探索、总结、创新。

三、文促会的组成，应是散布在各行各业文化精英的高层次联合体，会员都是独具特色的文化追求者。所以，我们每个会员都要根据自己的实力、特长、条件，自主地去做一些于文化有益的事，不要等待谁来布置交代任务。其实我们有些会员已经这样做了，随便举几个例子：比如，洪日镜会员组织杨氏太极拳研究院，广泛开展太极拳健身活动；兰小丽会员多次组织美术作品到国外展出兼做文化旅游活动；唐晓玲会员上下奔走组织见义勇为的募捐演出；以郑妙昌、廖铁星会员为首的楹联学会每年协助举办全区春联征集比赛评选；滕国雄、张翔会员组织了桂林、南宁的新年音乐会及音乐节；李金钟会员投入资金和精力装修了一座雅致的汇文堂为文促会提供活动场地等等，还有许多，不一一列举了。这些都是他们自己主动创意、组织、奔走和筹资并在文促会的支持下做成的。虽然也会有些不尽完美之处，但这是符合五中全会提出的文化大繁荣大发展的大方向的。如果每个会员都为文化做一点事，文促会对促进发展文化的成果就大为可观了。

仅此三言，聊表心意。谢谢！

交班感言

——在广西文促会第三次代表大会上
工作总结报告后的讲话
李振潜
2015 年 4 月 29 日

各位朋友：

本人以广西中华文化促进会主席名义的工作报告讲完了，现在以老朋友的身份占大家一点时间，谈几句感想。

自 1970 年我从北京来广西，至今已经 45 年，在南宁工作生活也整整 30 年，退休后自愿到文促会和大家一起已 10 年，都是整数。最后这 10 年到文促会是完全自找自愿的，当文促会主席是大家的推举，不是组织任命。这十年，虽然没有像样的办公室，没有工资、没有福利，但是很充实，很愉快，最大收获是朋友越来越多。今天，新的年轻的理事会和文明同志为首的新班子诞生了，非常欣慰，看到了更好的前景。

在今天的大会上，不拉家常，最想表达的是感谢大家对我一贯的厚爱与支持。文促会是一个无权、无势、无钱、无利的自愿组合，大家的共同心愿是致力于至高无上的公益事业，大家无私，所以无畏、无怨、无悔。中华文化的发展繁荣是中华民族伟大复兴的基本内涵、基本力量和重要标志。半个多世纪以来，在实现中华民族伟大复兴的征途上，我国经济建设成就非凡，举世瞩目，是中华民族艰苦奋斗、执意追求的精神所成，诚然，面向未来，民族的精神、文化仍需继续加油大补。十年来，文促会的朋友们不为所见诸多不雅、不正、不洁所迷，也不为其肆虐所惧、所难，因为我们身上有先人传留的健康文化基因，有最基本的文化自觉、文化自尊、文化自信和对伟大复兴的担当精神。今天，我们这些退下来的"七〇后"老朋友们，经历相仿，心态相同，对未来充满信心和希望。

至于我本人，和大家一起在文促会的这十年，真心想做点事，依靠大家也不无所成，但没做好、没有完成、让大家失望的事也不少，主要责任在我，是本人水平和能力不及。最近，同几位"七〇后"的朋友交谈，有个共同的心愿，那就是"退而不休"。把工作岗位让给比我们年轻的人是大喜事，说明后继有人，有很多人。退而不休就是说我们仍然是会员，没有脱离事业，而且还是可靠的积极分子，只不过老了一些。老有老的追求，老有老的梦想，人老更懂得珍惜剩下的时光，正如一篇流传多年的短文《年轻》所写：只要勇于有梦，敢于追梦，勤于圆梦，我们就永远年轻。

不管怎么说，岁月是不等人的，一不留神，我快成"八〇"后了。虽然还没到痴呆的地步，但是记性差了，很多人很熟，很亲切，可乍一见面有时真的记不起姓名。日后和大家见面机会还很多，如果一下子叫不上来，请提示一下，别见怪，我们的友情永远不会消退。

谢谢！

啊！文化

周民震

2016 年　月　日

朋友，

假如有人问你，什么是文化？

文化的概念该怎么讲？

你一定会振振有词，侃侃而谈，铿锵有力，激情飞扬！

于是，我们听到回旋着几十上百个答案，都是洋洋大观的华彩文章。

高深的，浅显的，哲理的，感情的，雅的俗的，甚至神秘莫测的，真是满目琳琅。

精彩，精辟，精深，精当，百花齐放，旗鼓相当！

为什么每个人心中对文化会发出色彩缤纷的不同声响？

哦！那是文化散发出太多迷人的芬芳；

它那美艳绝伦的姿色充满人人的心房；

它的领地疆域无边无际郁郁苍苍；

它的花环桂冠发出强烈的耀眼光芒！

无论是专门家，事业家，企业家，政治家，

无论是普通寻常的平民百姓，

他们有意识的，无意识的，下意识的，

都在与文化相处相伴中怀着自己特别的感情加以诠释、认知和向往。

啊！文化！

为什么所有的人都热爱你，追捧你，需要你？

浓墨重彩的描绘着你美好的形象？

答案太复杂了！但又太简单了！

因为文化是茫茫宇宙中独有的一朵智慧之花；

因为文化是人类追求无限风光的奇丽梦想；

因为文化是世界上各个民族的心灵之光；

因为文化是创造物质文明和精神文明的总体力量；

太博大了，太多彩了，太深厚了，太神圣了！

而我，却怀有一个最简单的也许是不完美的比方

来说明文化真谛的奢望，

我愿把文化比作明丽而温馨的"阳光"，

那是一种非物质的"精神阳光"！

不是吗？谁能离开阳光而生存和成长？

没有了阳光世界会变得多么黑暗和荒唐。

当岁月的脚步走在人生的道路上，

我们这些文化志愿者在这里欢聚一堂，

为促进中华文化，

用我们的心，去点亮一点小小的烛光吧，

给精神阳光添上一点点能量，

这是我们最高的愿望！

为《北海儿女》鼓掌

朱　焱

今天是五四青年节，应邀参加《北海儿女》系列电视专题片人物代表回家报告会暨《北海儿女》碟片首发式，我感到特别有意义，也非常荣幸！借此机会，我代表广西中华文化促进会向本次活动表示热烈祝贺，同时，转达李振潜主席向与会同志的诚挚问候，以及他对报告会和首发式的美好祝愿！

2008年9月11日，我应邀随潘鸿权、周民震主席参加了电视专题系列片《北海儿女》2008入选人物颁证暨开播仪式，时隔两年多，缘于《北海儿女》再次来到北海，而这一次，已经是《北海儿女》碟片的首发，32集电视片《北海儿女》相继展示了40位人物。没想到时间过得那么快，昨天在来北海的路上，我在车上回想自己所了解的《北海儿女》的点点滴滴，尽管所能回忆的内容与全貌相距甚远，但是，那已经令我感慨良多。

首先，《北海儿女》每一个人物的名字，都让人很快就想起这些名字背后的一个个与时代进程息息相关的振奋人心的故事。我这个年纪的人都知道一部列入经典的电影——《南岛风云》，而我年轻的时候并不知道，这部电影与北海有什么联系，是《北海儿女》告诉我们，《南岛风云》的作者李英敏就是北海人。打倒"四人帮"之后，小说《迷乱的星空》横空出世，成为全社会反思"文革"乱象的一种觉醒的声音，那时，我并不知道它的作者就是北海人，是《北海儿女》告诉我们，《迷乱的星空》的作者、中国作家协会党组书记、副主席陈建功就是北海人。随着著名火箭专家、著名核电专家、著名生物技术和工程技术专家、闻名海内外的音乐家、著名画家、戏剧家、雕塑家、创意大家等等人物在《北海儿女》中一一展现，我们真的振奋了，北海养育了无数优秀的儿女，在《北海儿女》系列片中亮相的人物，都是响当当的人物。在感叹之余，我们一时找不到更合适的词语来概括《北海儿女》系列片中所展示的人物，大概可以称他们为"北海的当代人文地标"。

我想，这也许正是《北海儿女》这部系列片当初策划和构思的价值取向：展示北海籍和曾经在北海工作过的科学家、文学家、企业家、艺术家、人民教师的优秀事迹，为北海的年轻一代讲述北海人的真实故事，告诉更多的北海年轻人，榜样就在我们北海这片热土上！这一点，是不是选择在今天五四青年节举行首发式的理由呢？组委会没有告诉我，但我想，这层含义已经事实上地存在着。《北海儿女》系列片，为树立榜样、提升北海人的人文自信心，起到了不可忽视的励志作用，与弘扬社会主义核心价值观紧紧融合到了一起。为此，我愿意和大家一起，为《北海儿女》鼓掌！

接下来，我要说的是，这部片子能够这样圆满地完成摄制编播，让我们感受到了一种温暖。这样的温暖来自四个方面：

第一个方面，筹拍这部系列片的人们。他们包括北海中华文化促进会以帅立国主席为核心的一群无私奉献的老同志，他们克服年纪一天天大起来带来的不便、经费不是很充足带来的困难，通过各种努力促成片子顺利运作，让我们领受到了晚霞满天的温暖。

第二个方面，就是片子里面的那些人物。他们都是各行各业的精英，顾及片子的拍摄，他们不摆架子，在百忙中挤出时间，配合拍摄人员的摄制工作，人数之众多、配合之完善，使片子得以呈现出如今的规模，真是难能可贵，让我们领受到了浓浓乡情的温暖。

第三个方面，是北海电视台的摄制人员。作为一个市级电视台，持续投入制作精品节目的人员和设备，一直跟踪拍摄，跑北京、赴广州，奔赴全国各地，那样的拼命劲，在越来越娱乐化的媒体现象中，让我们领受到了北海电视人心怀事业理想的温暖。

第四个方面，是北海市委市政府领导的高度重视。他们说，拍摄《北海儿女》系列节目是件功在千秋的好事，全社会都要大力支持，这是电视专题片能够取得成功的重要保证，让我们领受到了党和政府的温暖。

说到这里，我突然发觉有一个很有趣的现象，中华文化促进会的工作，似乎与影视有着某种难舍难分的缘分，北海中华文化促进会拍摄《北海儿女》，与电视台合作；而我们广西中华文化促进会也成功地与中央电视台新影制作中心合作拍摄了数字电影《五星红旗》。电影《五星红旗》以时间为轴线，将一系列重大历史事件瞬间产生的珍贵镜头和发生在国内外的真实故事，艺术地展示在画面里，全方位地阐述五星红旗的厚重历史和丰富内涵。影片在中央电视台和广西电视台播出后得到各方面的好评。中华文化促进会主席高占祥观影后说："严肃的主题，生动的体现。一部文献纪录片能感动得让人落泪，难能可贵。"

这一系列的巧合，不是偶然，因为，中华文化促进会的宗旨是："弘扬中华文化，促进国际交流。"而影视正是我们这个高度信息化的读图时代里最生动、最形象、群众最喜闻乐见的信息传播形态。

最后，预祝这次活动取得圆满成功。

2011 年 5 月 4 日

十一、谱新篇

继往开来　奋勇前进

——写在广西中华文化促进会成立10周年纪念册
出版之际

文　明

广西中华文化促进会成立10周年纪念册与大家见面了。这是一件很值得庆贺的事情！纪念册是广西中华文化促进会2005年成立以来，全体同仁满怀对文化事业的热情，不忘初心，砥砺奋进

的足迹，是他们牢记"弘扬中华文化 促进国际交流"宗旨，勤奋工作积极奉献的回顾，是他们充满文化自信、取得骄人成就的展示，是他们宝贵经验的总结，是他们激励后人的鞭策……

　　光阴似流水，岁月不饶人。2015年初，我就要从自治区人大常务委员会副主任的岗位退下来了，组织上要求我发挥余热，安排我到广西中华文化促进会当主席。

　　广西中华文化促进会（以下简称广西文促会）过去我了解不多，走马上任之后，才知道这个组织不简单。广西文促会是由一批文化战线退下来的老领导、优秀文化艺术家和热心文化事业的企业家、社会活动家以及各界人士组成的社会团体。2005年以来，广西文促会先后成立了音乐、朗诵、楹联、美术、书画、影视、礼仪、视听、青少幼、节庆、旅游、非遗保护、群众文化活动，以及文化创意、东西方美术院、爱乐乐团、话剧社等多个专业委员会和文化机构。文促会的全体同仁不忘初心，牢记宗旨，砥砺奋进，努力工作，积极奉献。文促会发挥老领导、老专家的智库作用，积极向党委政府提建议，为广西的文化建设出谋划策，许多建议被党委政府采纳、实施。文促会还举办了丰富多彩的文化活动，创办了"新年国际交流音乐会""征春联写春联送春联文化惠民活动""广西广场舞大赛""中国—东盟礼仪大赛"、"南宁（东盟）国际视听展""爱佑慈善音乐会"等一个又一个文化品牌，受到了上级领导和社会各界的广泛好评。广西文促会前辈们取得了这么好的成绩，打下了这么好的基础，让我手握接力棒底气十足，如何继往开来，使各项工作更上一层楼，老前辈宝贵的精神力量鞭策着我加倍努力。

　　习近平总书记指出，文化是一个国家、一个民族的灵魂。文化兴国运兴，文化强国运强。党和国家高度重视文化事业的发展，作为广西中华文化促进会的一员，我感到使命光荣。让我们紧密团结在以习近平同志为核心的党中央周围，在习近平新时代中国特色社会主义思想的指引下，奋勇前进，再创佳绩。

（2018年12月）

十二、大事记

2003年

12月17日　中华民族文化促进会广西代表处筹备组召开第一次筹备会议。

2004年

2月20日　中华民族文化促进会广西代表处筹备组致函中华民族文化促进会，提交设立广西代表机构的报告。

2月25日　中华民族文化促进会复函同意并表示支持。

8月8日　中华民族文化促进会第二次会员代表大会在北京召开。周民震当选为常务理事，李振潜当选为理事。

11月29日—12月2日，李振潜、韦生进、任保胜访问湖北省文促会，并赴京向总会汇报工作。

2005年

4月5日　广西壮族自治区文化厅发文同意筹备成立"广西中华民族文化促进会"。

6月24日　广西壮族自治区民政厅发文同意广西中华民族文

化促进会成立登记。

7月22日　来自全区48名会员聚会南宁，召开广西中华民族文化促进会第一次代表会议，宣告广西中华民族文化促进会（以下简称广西文促会）成立。

7月28—30日　广西文促会与自治区文化厅、南宁市残疾人联合会、南宁市竹篱笆餐饮连锁企业共同邀请中国残疾人艺术团《我的梦》来南宁演出。

10月6日　召开国庆座谈会。

11月7—9日　与中国京剧艺术基金会、广西京剧艺术促进会在南宁联合举办"2005南宁—东南亚京剧爱好者国际演唱会"。

11月16日　召开常务理事会，为广西十一五期间文化建设献计献策。

11月24—29日　岑汉伟副主席率领"广西少数民族音乐团"访台演出。

12月8日　广西文促会首家"会员之家"在"南宁绿野茶庄"创立。

12月27日　发表《弘扬健康向上的节庆文化》倡议书，与广西日报编辑部联合举办开展"节庆文化大家谈"活动。

2006年

1月19日　举行2006春节年会。

1月20日　举办"和谐风采·文化广西"新春书画大型精品展；

1月22日　举办首届春联征集评选和书赠春联活动。

3月24日　在南宁"乐道茶坊"召开"三月三"节庆文化座谈会。

3月24—29日　张效东、滕国雄访美进行文化交流。

3月29日—4月2日　广西文促会邀请台湾少数民族代表团29人到桂林参加"我们都是一家人"海峡两岸"三月三"大联欢。

4月23—26日　在南宁举办第四届国际杨氏太极拳联谊及学术研讨会。

4月28日　南宁市人民政府正式复函广西文促会同意在南湖公园设置美术园区的建议。

6月2日　"广西科普文化电视系列片"创作项目启动。

7月22日　广西文促会成立周年品茗座谈会。

8月1日　广西文促会向党委呈送《关于开展宣传〈国旗法〉和升挂国旗活动的建议》。

10月3日—15日　广西文促会岑汉伟副主席率广西民族艺术表演参访团赴台进行文化交流。

11月21日　我会决定在北海成立文促会分支机构，聘任帅立国为分会会长。

11月25日　举办纪念中国工农红军长征胜利70周年，缅怀毛泽东逝世30周年老年书法大赛。

11月27日　广西文促会决定在桂林成立文促会分支机构，聘任林观华为分会会长。

2007年

1月17日　广西文促会召开一届二次理事扩大会议，高占祥、于广华、张玉文出席并指导工作。

1月18日　北海中华民族文化促进会成立，帅立国任首任主席。

2月11日　2007丁亥年春联征集评选和书赠春联活动在南宁市民族广场举行。

5月1日　自治区人民政府、中华民族文化促进会联合主办澳门交响乐团在南宁剧场成功演出。

7月27日　广西文促会成立两周年座谈会，给"桐木斋茶社"授予"会员之家"牌匾。

10月23日　甘肃文促会主席张炳玉访问广西文促会并举行座谈。

10月26日　在南宁图书馆举办王猛画展。

10月　举办梁万淇、梁本明书画艺术展。

12月28日　李振潜、帅立国、黄贺等赴京出席中华民族文化促进会创立15周年纪念大会，广西文促会荣获"弘扬中华文化奖"。

2008年

1月1—3日　广西文促会协助桂林歌舞团举办桂林市2008年新年音乐会。

1月15日　广西文促会书画艺术中心、影像艺术中心成立。

1月15日　年会召开"三月三"座谈会，提出把农历三月三定为广西法定节日的建议书。

1月26日　在民族艺术宫举办2008（戊子）年书赠春联活动。当晚举办"爱琴海之声"萨克斯独奏音乐会。

2月　广西文促会提出举办"中国—东盟文化高峰论坛"建议。

3月1日　广西文促会在广西博物馆举办张忠安、黄文宪、陈伯群、黄启荣、覃汉尊、颜祖球、徐子平、陈卫平、莫万祯九人画展。

3月28日　李振潜出席在青岛举办的首届节庆中华奖颁奖典礼。

5月7日　李振潜、朱焱赴京出席未来影像·亚洲国际青少年影像展营活动。

5月28日　广西文促会与广西红十字会联合组织创作的"生命之光——情系汶川，同舟共济文艺晚会"演出成功。

6月1日　举行"点燃激情，传递爱心——庆六一，迎奥运、献爱心"大型演出。

6月6日　广西文促会与广西书画院联合提出"古今广西画卷"美术活动倡议。

7月22日　举行广西文促会成立三周年座谈会。

9月11日　潘鸿权、周民震主席在北海出席电视专题系列片《北海儿女》开播仪式。

9月26日　李振潜出席在澳门举办的两岸文化交流协商会议。

10月20—21日　李振潜出席在浙江杭州余杭区良渚文化村白鹭湾君澜度假酒店举行的良渚论坛·2008中华文化论坛。

12月20日　广西文促会"汇文堂"鉴赏文化"会员之家"成立并举行挂牌仪式。

2009年

1月元旦　广西文促会在广西博物馆为书法艺术之家——帅立国、帅立志、帅立功、帅民风举办书画艺术展。

1月1—3日　广西文促会协助桂林歌舞团举办桂林市2009年新年音乐会。

1月17日　在民族广场举办2009（乙丑）年书赠春联活动，活动被列入"文化惠民活动"。

1月17—18日　广西文促会收藏文化研究会举办迎新收藏文化研讨会。

1月18日　我会举行2009迎新年会。

2月初　中国—东盟手拉手艺术团赴澳大利亚参加中国大型文艺演出。

2月3—6日　在桂林举办第四届中国—东盟青少年艺术盛典。

2月25日　举办电脑时代的提笔忘字与传承汉字书写文化研讨会。

4月9日　潘鸿权主席及黎兆进、马冰青赴钦州出席CI高峰论坛研讨会。

5月16—17日　中华文化促进会第三次会员代表大会，李振潜当选为副主席，帅立国、马冰青当选理事。

5月25日　电视连续剧《红七军》开机，8月4日封镜。

7月中旬　电影纪录片《五星红旗》在广西开拍。

7月　广西文促会组织参与"良凤江书画摄影活动"。

7月22日　举行理事会（扩大）纪念文促会成立四周年。

8月至12月　广西文促会先后组织南宁、北海、柳州、桂林部分会员开展中华文化发展方略大讨论。

9月23日　文化厅主办、广西文促会和民族博物馆承办的中国汉唐陶瓷精品展——《汉唐风韵》在广西民族博物馆开展。

10月9日　举行第二届中国—东盟京剧爱好者南宁演唱会。

12月8—24日　组团赴法国巴黎卢浮宫参加画展。

12月15日　向文化厅提出开展全区广场健身舞大赛的倡议。

12月19日　柳州市中华文化促进会成立，黄家仁当选首任主席。

12月8—24日　组织部分艺术家赴法国巴黎卢浮宫参展。

12月31日　举办"八桂绿城迎新交响音乐会"。

2010年

1月13日　李振潜赴南京出席中华文促会"2009中华文化人物"颁授典礼（首届）。

1月15日　举行2010迎新年会暨新春团拜会会，决定广西中华民族文化促进会更名为广西中华文化促进会，大会修改了章程，接纳一批新会员，推举产生新理事。决定任保胜副主席接替马红英为广西文促会法定代表人。

1月30日　在南宁市南湖广场与广西文化厅联合举办首届"百益杯"广场舞蹈大赛。

2月27日　在南宁民族广场举行书法家为群众书赠春联活动。50名书法家为群众现场书写、赠送春联活动。

5月6日至5月27日　由广西红十字会等主办，广西中华文化促进会参与策划和协办的"红十字"天使计划博爱救心八桂行义演募捐晚会在广西南宁、桂林、柳州等14

个市巡回演出。

6月15日　李振潜出席陕西文促会成立大会，16日出席中华民族七大传统节日文化论坛。

7月　广西文促会组织部分摄影家、书画家各十余名，分批次赴良凤江风景区，与广西楹联学会及良凤江国家森林公园管委会联合进行风景摄影及主题书法、绘画活动。

8月3日　广西文促会主办的第八届"中国—东盟青少年艺术盛典"活动，在南宁举行。

8月11日至14日，第八届中国国际单簧管萨克斯艺术节暨大明山国际森林音乐节在南宁广西民族艺术宫音乐厅及大明山举行。

8月20日上午九点，广西文促会主席李振潜向郭声琨书记报告文促会工作。

9月21日上午，为纪念《国旗法》颁布实施二十周年，文献纪录电影《五星红旗》及同名图书首映首发式在北京人民大会堂隆重举行。

10月15日，"2010法国卢浮宫画展"中国区作品选拔展在广西博物馆举行。

10月20日　广西文促会与广西驻京办事处联合主办的"八桂神韵·广西山水情·万米长卷作品联展"在广西科技馆举行。

11月　在民族广场举办"超大运输杯"第二届广场舞大赛；

12月15日　李振潜赴南京出席中华文化促进会"2010中华文化人物"颁授典礼。

12月25日　在柳州举办"爱在龙城"慈善迎新音乐会。

12月30日　广西文促会第二次会员大会在南宁召开。广西壮族自治区党委书记、人大常委会主任郭声琨为大会发来贺信。中华文化促进会高占祥主席和各地文促会发来的贺电。推选产生第二届理事会一致通过聘请韦纯束、丁廷模、潘琦、潘鸿权、周民震为名誉主席，选举李振潜、林国强为第二届广西中华文化促进会主席。

2011年

1月1日　在民族艺术宫举行新年音乐会。

1月14日　在南宁市民族广场举行第二届广西广场健身舞大赛。

1月23日　广西文化惠民书赠春联活动、作品颁奖、创新春联展示在民族广场举行。

1月26日　在"会员之家"——"奇石城—六堡茶庄"举行迎春联谊会。

1月30日　关于同意广西中华文化促进会法定代表人和名称变更登记的批复。

2月18日　张忠安戏曲人物画展在自治区博物馆开幕。

2月18日　特邀著名老指挥家卞祖善先生执棒举行兔年新春音乐会。

4月28日　广西文促会爱乐乐团举行首场演出——"律动南宁"音乐会。

4月30日　卢浮宫（卡鲁塞尔）画展中国作品美术馆亮相南宁。

5月4日　朱焱副主席赴北海出席电视专题片《北海儿女》首发式并致辞。

5月15日　桂林市中华文化促进会成立，李振潜、周民震主席出席祝贺。

5月25日　第三届节庆中华奖颁奖典礼及2011节庆中华协作体年会在重庆举行，柳州市国际奇石节荣获"节庆中华奖"。

5月30日　"奇石茶庄"观赏文化"会员之家"挂牌成立。

6月28日　广西文促会召开庆祝中国共产党建党90周年座谈会。

7月22日　举行"弘泽堂国医馆"养生文化"会员之家"挂牌仪式并夏季养生讲座，纪念广西文促会成立6周年。

8月1日　向郭声琨书记、马飚主席提出充分发挥广西民族艺术宫文化艺术功能的建议。

8月8日　朱焱副主席领队跨海赴台东市参加"马卡巴嗨"文化交流活动。

8月18日　李振潜赴太原出席山西文促会成立大会。

9月28日　在青秀山如意坊举行王猛大型油画展《渐醒吴哥》。

9月30日　在南宁青秀山长廊"正气文化书画艺术节"、第二届插花艺术节开幕。

10月11日　广西文促会举行金花茶公园新制风景楹联现场会，提出弘扬中华楹联文化的倡议。

11月9日　召开学习六中全会精神座谈会。

11月9日　在民族广场举行"超大杯"广西第三届广场健身舞大赛。

11月15日、12月22日　广西文促会专家调研青秀山文化建设。

11月29日　广西文促会再次举行深入学习、准确领会中央六中全会精神座谈会。

12月6日　广西文促会在会员之家弘泽堂国医馆举行冬季养生讲座。

12月11日　"至尊珠宝会所"珠宝文化"会员之家"成立。

12月14日　李振潜出席在深圳举行的2011中华文化人物颁授典礼。

12月20日　广西文促会举行座谈会祝贺洪日镜晋级武术八段。

2012年

1月3日　2012新年音乐会特邀英国肯特郡交响乐团在广西民族艺术宫音乐厅演出。

1月4日　举行寿筵庆贺广西文促会名誉主席、著名作家周民震80寿辰。

1月10日　广西文促会在广西民族艺术宫音乐厅举办于敏独唱音乐会。

1月11日　广西文促会在新华大酒店举行年会暨团拜会。

1月14日　在民族广场举行2012（壬辰）年书赠春联及春联创作颁奖活动。

4月11日　北海文促会举行第二次大会，全国文促会副主席王石、于广华等出席。广西文促会李振潜主席等到会祝贺，并陪同参观。

4月12—14日　全国文促会副主席王石、于广华等在南宁视察广西文促会员之家、青秀山景区文化策划项目并举行座谈。

5月至6月　举行电影《五星红旗》进军营活动，6月1日晚在广西军区放映。

6月17日　"满道鲜酒楼"壮文化"会员之家"成立。

7月8日　中华文化促进会金坚范副主席及广西文促会主席李振潜出席俄罗斯中华文化促进会成立大会，并考察中共六大遗址。

7月27日　"清风·中国行"活动组委会在南宁举行书法作品集《清风臻品》赠送仪式和《清风莲语》朗诵会，并纪念广西中华文化促进会七岁生日。

8月20日　在广西文促会文化创意中心举办上海音乐学院李燕儒同学琵琶演奏欣赏会。

8月24日　广西民间组织国际交流促进会成立，广西文促会为理事单位，广西文促会林国强主席当选首任会长。

9月1日　广西文促会20余名代表赴京出席中华文化促进会《弘扬中华文化六项主张》发布会，当日下午在人民大会堂金色大厅，出席中华文化促进会20周年纪念活动，会见俄罗斯文促会代表，并邀请金坚范副主席一起到广西大厦聚会。

9月21日　李振潜、马冰清、张翔等一起会见澳国际商会麦克果、刘松先生，商讨中澳文化交流与合作事宜。

9月27日　法国卢浮宫卡鲁塞尔画展中国选区作品评选展及法国美协主席米歇尔·金画展在桂林美术馆开幕。

10月25日　在广西文促会常务副主席蒙古之家，再次举行敬老聚会。

11月3日　出席广西永年太极拳研究院20周年庆典。

11月5日　广西中华文化促进会文化创意中心举行启动仪式。

11月6日　广西文促会参与主办翁葵从艺40年独唱会。

11月8日　广西文促会负责同志访问超大运输集团公司，赠送牌匾感谢。

11月18日　广西文促会参与主办的"超大运输杯"广西第四届广场舞大赛决赛暨颁奖晚会在民族观场举行。

11月19—22日　马冰青等出席首届宋学及程颢、程颐国际研讨会。

11月19日　"大益茶体验馆"茶道文化"会员之家"成立。

11月21日　在广西文促会文化创意中心举行欢庆十八大音乐联谊会，爱乐乐团及红绣球艺术团、马定和、于敏等表演。

11月22日　广西文促会召开"会员之家"工作会。

11月27日　广西文促会与青秀山管委会联合主办"促进生态文明，构建文化青山"研讨会在青秀山管委会会议室举行。

11月30日　广西文促会参与主办2012爱佑安琪慈善交响音乐会在音乐厅演出。

12月7日　广西文促会在广西科技馆召开学习十八大精神座谈会。

12月8日　李振潜、黎兆进、马冰青参观钦州陶艺节赛场及精品展。下午到灵山县，与县领导商讨挖掘灵山楹联文化，开发楹联文化的倡议。9日，出席广西文促会常务理事蔡家雄主持的钦州灵山县茂源地王国际工程奠基仪式。

12月12日　广西文促会常务副主席朱焱出席在河北廊坊举行的"2012中华文化人物"颁授典礼。向全国文促会引荐广西刊物《金色年华》。

12月10日　广西文促会编印的2013年精品古画年历文化大礼包出版。

12月21日　广西文促会参与联合主办的2012南宁国际视听展开幕。

12月28日　朱焱、马定强、廖铁星赴柳州，出席柳州中华文化促进会成立三周年纪念活动。

2013年

1月　文献记录电影《五星红旗》荣获广西"五个一"工程优秀作品奖。

1月　非物质文化遗产保护研究中心正式成立。

1月16日　广西文促会举行2013年会暨团拜会。

1月25日　李振潜主席等一行到边境慰问子弟兵，并送五星红旗。

1月31日　举行马定和、贾双飞、李海兵、翁葵、于敏五位"男高音"迎春音乐会。

2月2日　2013（癸巳）年书赠春联活动在民族广场举办。

5月14日　廖铁星副秘书长出席在滦南召开的"四书五经语录"年度总结大会。

5月19日　李振潜、马定强出席在浙江宁波举行的《徐霞客游记》开篇400同年纪念大会及当代徐霞客颁奖典礼。

5月21日　马定和、贾双飞、李海兵、翁葵、潘世明、于敏"广西六高音组合"亮相民族音乐厅。

6月7日　防城港市文促会成立。

6月21日　桂剧、彩调、文场传承基地、保护传承活动中心成立。

6月28日　广西文促会音乐专业委员会音乐家沙龙成立。

6月29日　向桂林市市长提交桂林市兴建国际旅游胜地建议书。

7月7日　马定和、贾双飞、李海兵、翁葵、潘世明、于敏"广西六高音组合"再次亮相民族音乐厅。

7月18日　视听文化专业委员会成立。

7月21日　在桂林召开筹备纪念桂林抗战文化座谈会。

8月31日　广西文促会民乐俱乐部成立。

9月28日　向彭清华书记提出纪念抗战胜利70周年活动的建议。

10月12日　广西文促会会员李艳在意大利国际魔术比赛获奖演出。

10月22日　李振潜、林国强访问江西文化促会。

10月24日　朱焱、陈晓玲率团考察北流民乐镇萝村；重阳节在蒙古家庭院聚会。

12月8日　彩调缘——马定强从艺40周年交响演唱会。

12月10日　李振潜代表全国文促会出席在凭祥市举办的"2013中国红木古典家具理事会年会"。

12月13—15日

12月27日　在文化创意中心举办迎新声乐交流会及音乐家宁林新书首发签售活动。

12月29日　礼仪文化专业委员会成立。

12月24日　学习十八届三中全会决定。

2014年

1月18日　在金湖广场举办书赠春联活动；与青秀山管委会签订《建立战略合作伙伴关系等协议》。

1月20日　举行迎春音乐会暨小提琴《刘三姐》广西首演。

2月8日至14日　在南宁五象湖公园举行元宵彩灯博览会。

4月2日　主办三月三青秀山活动。

5月26日　召开《周民震文集》出版座谈会。

6月11日　韦壮凡率团为岑溪市旅游文化开发献策。

7月6日　李振潜等考察靖西三牙山旅游文化资源。

7月26日　《百鸟衣》被列入中央电视台主办的中国非遗电影推广项目。

9月8日　在青秀山大草坪举办中秋联欢。

10月29日　林国强、廖铁星出席在南阳市举办的第三届宋学国际研讨会。

11月30日　第六届超大运输杯广场舞大赛在民族广场举行。

12月2日　召开座谈会，学习习近平同志在文艺座谈会的讲话。

12月5日　举行2014"爱佑安琪"慈善音乐会。

12月28日　五家文促会"民族魂·中国梦"书画作品联展。

2015年

1月3—4日　广西交响乐团与英国伦敦艾特郡乐团联合2015广西新年海韵，同心音乐会演出。

1月6日　李振潜、马冰青出席在武汉举行的首届长江文化论坛。

2月6日　广西文促会2015年春节联欢晚会在广西艺术学校桂花剧场举行。

2月8日　在金湖广场举办免费赠送春联活动；举办"民族魂·中国梦"书画摄影作品巡展。

2月17日　自治区党委彭清华书记听取广西文促会换届工作汇报并作重要指示。

4月29日　广西中华文促进会第三次会员代表大会在南宁召开，选举文明同志为广西文促会第三届主席；李振潜同志受聘首席咨询。

后记

　　《第一个十年》从开篇语到大事记共 12 个部分，比较完整地记录了从 2005 年 7 月广西中华文化促进会成立，至 2015 年 4 月广西中华文化促进会第三次会员大会召开，10 年间走过的足迹。

　　本书的编辑出版，得到了广西中华文化促进会广大会员的大力支持，得到了北海、柳州、桂林、防城港市文促会和广西人民出版社的大力支持，在此，一并表示感谢。

　　限于编者的水平和条件，本书一定有很多不足，敬请读者批评指正。

编者

2019 年 12 月 25 日